AF338706

LA

GRANDE=COMORE

1884-1909

LA GRANDE COMORE
1884-1909

Messieurs les Membres de la Commission Sénatoriale
relative à l'annexion des Comores

MESSIEURS LES SÉNATEURS,

Vous m'avez fait l'honneur de me demander un résumé des explications que je vous ai présentées au cours de la séance du lundi 15 février 1909.

Permettez-moi tout d'abord, Messieurs, de vous remercier d'avoir bien voulu m'entendre.

Je vous ai entretenu de faits nombreux embrassant une période de vingt-quatre ans, je m'appliquerai à les résumer ; s'il y a quelques oublis ou longueurs, excusez-m'en et veuillez me questionner à nouveau, je suis à votre disposition.

Je prends comme bases de ce travail les sujets indiqués par vous :

1° Etablissement du Protectorat ;
2° Situation de la Société de la Grande Comore. Son œuvre ;
3° Main-d'œuvre ;
4° Protestation de Saïd Ali ;
5° Annexion ;

Vous avez sous les yeux le rapport de M. le Député Vigouroux, je dois donc commencer par vous en parler.

M. Vigouroux énumère les noms des personnes entendues par

la Commission de la Chambre des députés ; il est à remarquer que deux fonctionnaires seulement ayant servi aux Comores ont été entendus :

M. Martin, Gouverneur intérimaire de Mayotte et dépendances, de juin 1904 au 30 mai 1906 ;

M. Vienne, Résident à Anjouan, à la même époque. (Il ne mit jamais les pieds à la Grande Comore). C'est peu, puisque de 1881 à 1907 l'archipel des Comores a vu passer vingt gouverneurs ; la Grande Comore, vingt et un résidents tant titulaires qu'intérimaires.

Je ne compte pas ceux d'Anjouan, ni de Mohéli.

M. Martin manifesta son animosité contre M. Humblot pendant son administration et même après.

A la veille de quitter les Comores, à Moroni même, pendant une conversation de deux heures avec moi, il me déclara être rappelé en France à la suite d'une campagne de presse, mais avoir la ferme intention de se venger de nous.

Il documenta M. Fernand Hauser, de l'aveu même de ce journaliste à M. Francis Mury, mais il le fit partialement.

Je reconnais avoir signalé quelques erreurs de son administration, particulièrement les procédés de recrutement.

Ainsi lors d'un recrutement militaire pour Madagascar, les Comoriens de bonne volonté n'étant pas assez nombreux, le Résident, M. Feuillard, désigna d'office et contre leur gré un grand nombre de Comoriens. M. Martin le déclare au Ministre dans son rapport du 12 juillet 1904. M. Feuillard était sous ses ordres.

M. Vigouroux a accepté sans les contrôler toutes les accusations portées contre nous, il a visé et retenu les rapports hostiles à notre Société, sans mettre en parallèle ceux qui lui étaient favorables.

Les inexactitudes contenues dans son rapport ont déjà été réfutées dans un travail intitulé les *Dessous de l'Affaire des Comores*, signé Jean Peyraud, dont un exemplaire ci-joint.

CHAPITRE PREMIER

Établissement du Protectorat.

Je rappellerai que l'archipel des Comores, commande au Nord l'entrée du Canal de Mozambique.

Mayotte fut pris par la France en 1842. Avant l'établissement du Protectorat Français, les trois autres îles étaient convoitées par les Anglais et les Allemands.

A la Grande Comore, Saïd Ali recherchait la protection d'une nation européenne contre les sultans ses compétiteurs.

M. Humblot, arrivant à la Grande Comore, comprit l'intérêt pressant de conclure un traité avec Saïd Ali aux lieu et place des Anglais et des Allemands le sollicitant. Ils eussent été des voisins bien gênants.

Il convainquit le Sultan, qui chargea mon beau-frère d'être son mandataire à l'effet de provoquer l'établissement du Protectorat par le Gouvernement français.

Saïd Ali avait compris quel parti il pouvait tirer d'un Français, chargé de mission, par le Gouvernement, ouvrant facilement et largement sa bourse et ayant assez d'énergie pour parcourir seul l'île entière, malgré la vive opposition des Comoriens.

Les recruteurs venus précédemment n'avaient jamais osé le faire.

Saïd Ali redoutait aussi la vengeance des partisans du Sultan Moussafoumou; il avait réussi à le vaincre, à le mettre en prison, où il était mort « de chagrin », disait-il.

Le 10 janvier 1885, Saïd Ali chargeait M. Humblot de remettre au Président de la République une lettre également signée de ses ministres (annexe n° 1) demandant le protectorat. M. Humblot s'acquitta de sa mission.

Le Gouvernement, au courant des compétitions existantes à la Grande Comore pour l'occupation du pouvoir et du peu de stabilité d'un sultan thibé (suzerain), ne voulut pas consentir à être partie contractante, M. Jules Ferry lui-même conseilla à Humblot de traiter pour son propre compte : « Allez, jeune homme, le Gouvernement vous protégera », ajouta-t-il.

Le traité du 5 novembre 1885 fut passé entre le Sultan et ses ministres d'une part et M. Humblot d'autre part.

Ce n'est donc pas Saïd Ali personnellement qui traita, comme il le prétend dans son recours au Conseil d'Etat; mais bien le souverain de la Grande Comore, assisté des ministres consentant.

Il écrivit lui-même de sa main une des cinq expéditions de ce traité. Le Commandant Marin Darbel, lui en expliqua avec insistance les stipulations, afin d'éviter toute surprise. Puis le traité fut traduit et expliqué aux ministres.

Peu après la signature de ce traité, Saïd Ali informait M. Humblot : qu'il entrait en guerre contre les habitants de Badjini, province sud de la Grande Comore; mais il fut vaincu et fait prisonnier.

Son père, Saïd Omar, était à la Grande Comore; il supplia M. Humblot d'avancer l'argent nécessaire à la rançon de son fils. M. Humblot y consentit.

Saïd Ali délivré, put venir s'enfermer avec nous dans sa capitale, Moroni. La ville fut bientôt investie par les Badjiniens.

Et en présence de l'infériorité de ses soldats, Saïd Ali demanda à M. Humblot d'aller chercher des secours à Mayotte; c'est de là que mon beau-frère lui fit parvenir argent, armes, munitions et vivres.

Par son insistance auprès du Commandant de Mayotte, Gerville-Réache, en faveur de Saïd Ali, M. Humblot obtint que M. Gerville-Réache demandât à l'Amiral Miot, chef de la Division navale, l'envoi d'un navire de guerre pour délivrer Saïd Ali.

Dans les premiers jours de janvier 1886, le *La Bourdonnais*, sous le commandement du Capitaine de frégate de Beausset, vint à Moroni, y amenant M. Gerville-Réache et M. Humblot.

Les négociations épuisées avec les adversaires de Saïd Ali, une action militaire eut lieu, au cours de laquelle, du fait de la trahison des guerriers de Saïd Ali, faillirent rester le Commandant de Beausset, sa compagnie de débarquement, M. Humblot lui-même. Nous eûmes le quartier-maître Le Moigne tué et vingt blessés. Saïd Ali était sauvé; le traité de Protectorat du 6 janvier 1886 fut alors signé. Mais les Comoriens n'avaient pas désarmé, et pendant toute l'année 1886, le *Bisson* principalement vint constamment à la Grande Comore, faire des démonstrations militaires.

Le 2 décembre 1886, le Commandant Gerville-Réache installa à la Grande Comore le premier Résident, M. Weber. Il est bon de remarquer que M. Humblot ne s'y trouvait pas; parti en France, il ne revient à la Grande Comore qu'en juin 1887. Ce ne fut donc pas avec M. Humblot que M. Weber commença à entrer en conflit, comme il a été dit, mais avec Saïd Ali; il entendait diriger le sultan aussi bien que le pays.

Mais Saïd Ali, étonné de l'installation inattendue de ce Résident, en avait demandé l'explication par lettre officielle au Commandant de Mayotte. Celui-ci lui répondit le même jour, 2 décembre 1886 (annexe n° 2).

L'accord eut lieu tout d'abord entre M. Weber et Saïd Ali : ce dernier n'avait pu soumettre les Badjiniens; il lui fallait, à cet effet, obtenir une expédition militaire. Elle eut lieu en janvier 1887.

Les Badjiniens furent soumis.

A cette époque, Saïd Ali ne fit aucune objection à M. Weber pour son ingérence dans les affaires intérieures de son pays.

Mais ses adversaires, une fois vaincus par les armes françaises, Saïd Ali se souvint de la lettre du 2 décembre 1886, s'appuya sur son contenu pour repousser l'immixtion du Résident dans les affaires intérieures du Sultanat; de là conflit, échange de correspondances officielles.

En janvier 1888, il adresse au Président de la République une lettre de protestation à ce sujet (annexe n° 3).

Saïd Ali ne se rangea pas du côté d'Humblot, comme le dit M. Vigouroux. Il prétendit que le Résident Weber lui ayant retiré son autorité, il lui devenait impossible de tenir ses engagements vis-à-vis de la Société. Sa correspondance au directeur de la Société en fait foi. Il va jusqu'à accuser M. Weber de favoriser des Princes, voulant le faire assassiner.

M. Weber étant parti en congé, deux intérimaires lui succédèrent coup sur coup.

Une nouvelle expédition eut lieu à Badjini, la guerre finie; comme le sultan Achimon allait faire sa soumission à Saïd Ali, il fut traîtreusement tué par Djouma, renvoyé à sa rencontre, celui qui plus tard me frappait d'un coup de sagaie.

Le 11 octobre 1889 (annexe n° 4), M. Humblot était chargé gratuitement des fonctions de Résident à la Grande Comore. Il ne l'avait pas sollicité.

Mais le Gouvernement, en présence des difficultés survenues entre M. Weber, puis Le Carney et Saïd Ali, pensa que M. Humblot connu et accepté tant par Saïd Ali que par les Comoriens était indiqué comme devant mener à bien l'œuvre de pénétration administrative française à la Grande Comore.

Par ses fonctions, M. Humblot dut chercher à enrayer les abus d'un pouvoir féodal et esclavagiste, et à y substituer un régime plus libéral. Ce devait entraîner forcément une brouille avec les Sultans et la majorité des Ministres.

Sa tâche était difficile, il lui fallait concilier tout à la fois les intérêts de la France, des Comoriens, de Saïd Ali, de la Société : il s'y appliqua.

Chargé des fonctions de Résident gratuitement, il était aux yeux des Fonctionnaires de carrière, un gâte-métier, un intrus ; on ne lui pardonnera jamais.

En décembre 1890, éclate une nouvelle révolution contre Saïd Ali ; malgré les exhortations du Résident Humblot à la population, en faveur du Sultan Saïd Ali, celui-ci s'entend condamné par son peuple, à être déchu et mis à mort. — M. Humblot lui offre de se réfugier avec sa famille à Nioumbadjou. Saïd Ali préfère fuir déguisé en femme, et caché au fond d'un boutre ; il cherche à nous entraîner avec lui hors de l'île.

Il est bien difficile de préciser le véritable motif de cette révolution. Les Chefs qui ne cessèrent d'être en pourparlers avec le Résident, lui donnaient comme raison principale qu'un mur existait entre Saïd Ali et eux, mais sans expliquer le sens de cette image.

Ils disaient Saïd Ali indigne, trompant aussi bien les Comoriens que les Blancs ; avoir fait tuer jadis plusieurs princes, contrairement aux lois prescrites par le Koran.

Ils réclamaient avec violence que le Résident se mît avec eux contre Saïd Ali ; à ce prix, la révolution eût cessé immédiatement.

Nos vies à cette époque furent en danger, mais malgré l'ordre prudent du Gouverneur, le pavillon ne fut pas amené, nous demeurâmes à notre poste.

Les Comoriens profitèrent de l'occasion pour dévaster, détruire les plantations, les immeubles de la Société, les incendier même et voler les bestiaux; ils pensaient en agissant ainsi amener le Résident à composition. Souvent même ils nous provoquèrent en combat singulier, nous leur opposions notre refus; jamais il n'y eut un guet-apens.

Mais le Gouverneur Papinaud nous ayant fait remettre par le brave Commandant Ravel et sur sa demande des fusils et des munitions, qu'il escorta *seul* jusqu'à Nioumbadjou, nos travailleurs furent armés, et nous témoignèrent par leur fidélité la reconnaissance de leur libération.

En août 1891, grâce à l'intervention si dévouée, si courageuse, et si constante du Capitaine de Frégate Ravel, commandant le *Boursaint* et du Capitaine Dubois, commandant à terre un détachement de cinquante soldats d'infanterie de marine, auxquels chefs, soldats et marins nous adressons un reconnaissant souvenir, la révolution fut maîtrisée, les Comoriens soumis, désarmés (annexe n° 5).

Le Gouverneur Papinaud traita alors avec la population du retour de Saïd Ali qui était alors à Mayotte.

Au cours de plusieurs Kabars, les notables déclarèrent au Gouverneur ne plus vouloir de Saïd Ali ni de Sultan, mais le régime du Protectorat, dont ils demandaient pourtant l'explication.

Saïd Ali, de son côté, toujours à Mayotte, demandait l'envoi en Nouvelle-Calédonie de quatre-vingt-six notables; le Gouverneur Papinaud lui accorda la déportation de huit (annexe n° 6).

Dès le désarmement, M. Humblot s'occupa d'organiser administrativement la Grande Comore.

Chaque village élut son chef; les chefs élurent à leur tour un cadi par province, chargé de la justice, de l'état civil; le recensement de la population fut fait; il obtint du Sultan la suppression des dîmes et corvées que devait remplacer un impôt perçu en nature d'abord, puis plus tard en argent.

De la monnaie divisionnaire fut introduite dans le pays, pour faciliter les échanges, qui se faisaient auparavant à l'aide de monnaie coupée et de grains de riz.

Saïd Ali réintégra la Grande Comore, au milieu de manifestations et d'honneurs; ils lui furent prodigués surtout par les Français.

Le 6 janvier 1892, il signait un nouveau traité, donnant à la France une situation prépondérante dans l'administration du pays. Un budget du Sultanat fut définitivement établi, dûment approuvé par le Sultan.

M. Humblot devait subir les conséquences de ces changements ; obligé de suivre les instructions de son chef le Gouverneur de Mayotte, les impôts ayant été nettement définis, il dut s'opposer constamment au rétablissement de redevances abusives que le Sultan voulait continuer à percevoir et de pratiques d'un autre âge (annexe n° 7).

Humblot devint aux yeux de Saïd Ali un nouveau Weber, et il ne pouvait conserver l'espoir de le voir changer sa vie durant, puisque Humblot n'était pas un Résident de carrière, mais un colon en remplissant les fonctions, encore jeune, vigoureux, plein de santé.

L'arrivée de Mme Humblot, à la Grande Comore, le 30 mai 1893, confirmait la ferme intention de M. Humblot d'y demeurer.

Le 13 juin, le feu était mis pendant la nuit à la case de M. Humblot, et la consumait entièrement.

Le 22 juin, à 11 heures du soir, j'étais moi-même frappé d'un coup de sagaie par Djouma, le dévoué serviteur de Saïd Ali.

Le 2 août, dans la matinée, trois hommes attaquaient M. Humblot ; il recevait simultanément : au côté droit, une sagaie qui pénétrant dans l'abdomen y restait en entier, la pointe ressortant à gauche ; sur l'épaule droite deux coups de sabre. Tombé de son mulet, M. Humblot se relevait quand même, déchargeait son revolver sur ses agresseurs qui revenaient à la charge ; surpris ils s'enfuirent, l'un d'eux blessé. M. Humblot arracha lui-même la sagaie dont le manche s'était brisé par la violence du choc, et contenant ses intestins sortis par la plaie, chercha à poursuivre ses agresseurs, mais tomba bientôt sans connaissance ; des travailleurs attirés par les détonations survinrent et le ramenèrent presque mourant à Nioumbadjou.

On ne pouvait avoir recours à un médecin, puisqu'il n'en existait pas à la Grande Comore, et le cas était plus qu'urgent, l'intestin sorti par l'ouverture de la plaie formait extérieurement une hernie étranglée plus grosse que le poing, il fallait agir.

Aidé de Mme Humblot et sur l'ordre du blessé, je dus

débrider, c'est-à-dire inciser pour agrandir l'ouverture de la plaie suffisamment, afin de permettre à l'intestin de réintégrer l'abdomen, puis je pratiquai vingt points de suture. Le malade passa une très mauvaise nuit, si agitée qu'au pansement du lendemain matin je constatai la rupture de quatre points ; je les refis.

Coup sur coup j'envoyai deux baleinières chercher du secours, le mauvais temps les rejeta à la côte ; une troisième plus heureuse parvint à Anjouan, immédiatement le dévoué docteur Wilson, se rendit à mon appel ; et à son arrivée, le 17 août, il considéra Humblot comme sauvé, mais infirme pour le restant de ses jours (annexe n° 8).

L'assassin blessé Amadi Moilimou fut arrêté le surlendemain, il reconnut son crime ; traduit devant le tribunal indigène, il fut condamné à mort.

Lorsque le Gouverneur Lacascade averti, vint le 11 septembre à la Grande Comore, avant de voir le Résident Humblot, il se rendit à Moroni ; il y conféra avec le Sultan, puis il vit seul les cadis, les notables, tous ceux qu'il voulut questionner ou qui voulurent lui parler.

M. Humblot n'assista pas aux enquêtes, il était immobilisé par son épouvantable blessure.

Le Gouverneur mena donc seul ses enquêtes comme il l'entendit.

La population fut unanime à accuser le Sultan d'être l'instigateur de l'attentat et en présence de son hostilité menaçante Saïd Ali, se souvenant de 1891, accepta après quelques hésitations d'aller à Mayotte attendre les résultats de l'enquête. Il délégua ses pouvoirs au Résident, s'embarqua sur le *Sagittaire* en compagnie du Gouverneur et d'une suite ; il ne fut pas enlevé par trahison.

Le 26 septembre 1893, il remettait au Gouverneur Lacascade une lettre datée du 23, par laquelle, après avoir remercié le Gouverneur de son amitié et de son hospitalité, et avoir reconnu :

1° Les troubles fréquents et soulèvements survenus dans son pays contre lui ;

2° Etre fortement détesté de ses sujets ;

3° Et leur infidélité ;

il donne à la France ses droits sur la Grande Comore.

Il confirme son abdication par lettre du 22 octobre 1893 au Président de la République.

Mais, à la suite d'une nouvelle enquête de M. Lacascade à la Grande Comore, en présence des déclarations de la population, et convaincu que Saïd Ali, malgré ses déclarations contenues dans ses lettres des 23 septembre et 22 octobre, entretenait avec la Grande Comore une correspondance active dans le but de réchauffer le zèle de ses partisans, le Gouverneur Lacascade se rendant aux demandes de la population et voulant que la situation fût absolument nett pour tout le monde, prononça la déchéance du Sultan.

Le Gouvernement ayant confirmé la décision prise par le Gouverneur, Saïd Ali fut envoyé à Diégo-Suarez, puis à La Réunion (annexe n° 9.)

En juin 1891, la population Comorienne adressait au Gouverneur de Mayotte une pétition demandant que la situation du pays demeurât ce qu'elle était, et précisant ses accusations contre Saïd Ali.

La même année, en septembre, le Gouvernement ordonnait une enquête judiciaire ; elle fut faite par le Juge Président de Mayotte et totalement défavorable à Saïd Ali.

Cette enquête n'ayant pas satisfait les Protecteurs que Saïd Ali s'était fait à La Réunion, une nouvelle fut confiée au Gouverneur Danel.

A ce sujet, on a accusé M. Humblot d'avoir fait fusiller l'un de ses agresseurs Amadi Moilimou, lorsqu'il apprit la venue de M. Danel comme inspecteur. C'est une calomnie (annexe n° 10).

Par lettre du 2 juin 1895, le Gouverneur Lacascade informait le Résident que conformément à l'article 7 du traité du 6 janvier 1892 la justice indigène pouvait suivre son cours. Et, le Tribunal mixte ayant confirmé la condamnation à mort prononcée par le Tribunal des Cadis, Amadi Moilimou fut fusillé le 10 juin 1895. M. Danel débarqua à la Grande Comore le 5 juillet 1895, soit vingt-cinq jours après.

M. Danel lui-même affirme dans son rapport être arrivé à Moroni sans y être attendu.

Dès son arrivée, le bruit courut que le Sultan Saïd Ali était à bord du navire de guerre, en rade ; et un certain nombre de ceux qui avaient déposé contre lui, craignant les représailles, revinrent sur leurs premières déclarations.

L'année suivante, par lettre du 9 mars 1896 (annexe n° 11),

le Ministre des Colonies, faisait savoir à M. Humblot que par suite des termes d'un décret en date du 23 janvier 1896, la Grande Comore devant être dotée d'une administration d'un caractère plus définitif, le moment était venu de le décharger des soins de l'Administration.

Il lui renouvelait la haute satisfaction du Gouvernement, pour ses services passés et sa collaboration à titre purement gracieux; il le remerciait en son nom et lui octroyait le titre de Résident honoraire (annexe n° 12).

Le 6 juin 1896, le Commandant Decazes débarqua à la Grande Comore; le 16 juillet, M. Humblot lui faisait la remise du service.

Il est intéressant de lire les appréciations du Commandant Decazes sur Humblot à son arrivée à la Grande Comore (annexe n° 13). Il sut reconnaitre l'œuvre personnelle de son prédécesseur, combien il était aimé du peuple Comorien lui devant son émancipation; et la volonté des Comoriens de ne plus être sous le joug de Saïd Ali.

Plus tard, le Commandant Decazes fit spécialement dans l'ile une tournée, en même temps que le secrétaire de la Résidence, M. René Pierre, ayant pour but de questionner à nouveau les Comoriens sur leurs sentiments à l'égard de Saïd Ali, et de leur demander s'ils voulaient son retour; tous s'y opposèrent.

Je me permets d'insister auprès de la Commission pour qu'elle entende M. René Pierre, actuellement en congé à Paris, 115, rue Croix-Nivert. Depuis 1896, de nombreux fonctionnaires se succédèrent tant à Mayotte qu'à la Grande Comore.

M. Vigouroux rend M. Humblot responsable de ces changements rapides et continus; s'il connaissait mieux l'Administration coloniale, il saurait que si les fonctionnaires restent si peu de temps à la Grande Comore, à Mayotte ou autres lieux, c'est principalement du fait de leur désir constant de rentrer le plus souvent possible en France, pour y solliciter un nouveau grade, un poste plus avantageux.

Un roulement de fonctionnaires a toujours existé entre les iles Comores, j'offre de démontrer individuellement pour chaque fonctionnaire, le motif de son départ de la Grande Comore ou de Mayotte.

Je citerai un exemple : coup sur coup, trois gouverneurs de

Mayotte meurent, MM. Pereton, Mizon, Papinaud, et le quatrième M. Pascal, ayant le malheur d'y perdre sa femme, obtient de quitter son poste.

Est-ce toujours la faute de M. Humblot?

CHAPITRE II

Situation de la Société de la Grande Comore ; son œuvre.

Le traité du 5 novembre 1885 reconnaissait principalement à M. Humblot le droit de constituer une ou plusieurs Sociétés pour l'exploitation des richesses naturelles de l'île et la mise en valeur de toutes les terres.

M. Humblot s'était associé deux Français qui se retirèrent en présence de la révolution de 1886.

Malgré cet abandon, il ne se découragea pas ; grâce à des capitaux provenant de sa famille et à une indemnité touchée pour pertes subies pendant la première guerre de Madagascar, il put secourir et soutenir son Sultan.

En 1887, il formait la Société de la Grande Comore, dont tous les actionnaires devaient être Français ; ce sont : MM. G. Lefebvre, président de la Chambre de Commerce de Paris ; Paul Prot, Charles Fontana, Gripon, Henri Fontana, Arnaud Jeanti, Doge, Jeanselme, Valadin, R. Fontana, Henry Girard, Emile Girard, Godet, Leleu, Pierret, Treuille. Je n'ai pas besoin de faire remarquer que tous sont des hommes de la plus haute honorabilité.

Dès son retour à la Grande Comore, M. Humblot demanda au Sultan Saïd Ali de tenir ses engagements.

Saïd Ali lui donna comme conseil de s'installer d'abord en pleine forêt, afin de ne pas effaroucher les Comoriens.

Le village de Nioumbadjou (maison des hauts), fut ainsi fondé à 400 mètres d'altitude ; d'après le traité, Saïd Ali devait nous fournir des travailleurs, nous lui en demandâmes ; ceux qui vinrent ne restèrent pas, se déclarant « mougouana », c'est-à-dire, gens libres non abstreints au travail.

Nous réitérâmes notre demande à diverses reprises, le Sultan nous déclara dans une longue correspondance que le Résident Weber, après avoir cherché à lui faire annuler le traité du 5 novembre

1885, lui avait pris toute son autorité, Saïd Ali ajoutait que Weber était ennemi de notre Société et que jamais la Société ne réussirait tant qu'il serait là.

Saïd Ali, qui avait vu avec désespoir l'installation d'un Résident, espérait nous amener ainsi à demander au Gouvernement son retrait.

Il nous fallait prendre pied à tout prix, nous recrutâmes des travailleurs à Anjouan (et pourtant la Grande Comore passait pour être une pépinière de travailleurs). — Grâce aux Anjouanais, nous pûmes commencer le défrichement de la forêt. — Malheureusement un boutre qui nous apportait nos premières semailles, et boutures de vanille, reçut du Résident la défense de communiquer, sous le fallacieux prétexte de variole ; il releva pour Zanzibar, graines et boutures furent perdues.

La création des premiers chemins furent entrepris ; ne pouvant obtenir des colons de Mayotte, les graines et boutures dont nous avions besoin, nous les demandâmes aux Seychelles, à La Réunion et à Anjouan à MM. Wilson, Américain et Sunley, Anglais ; ils répondirent à notre appel favorablement.

Un premier essai de plantations de caféiers, cacaoyers, girofliers, canneliers, vanilliers, cocotiers eut lieu.

Puis quelques propriétaires, suivant l'exemple de Saïd Ali, nous ayant vendu quelques captifs, ils devinrent immédiatement libres, et conformément à la lettre du 26 mai 1887 de Monsieur le Sous-Secrétaire d'État des Colonies, contractèrent un engagement de travail par devant le Sultan (annexe n° 1).

La plupart étaient en très mauvais état de santé, les maîtres tenaient à conserver les esclaves de case de race comorienne ; nous nous appliquâmes à soigner nos recrues, et petit à petit les captifs vinrent, d'eux-mêmes, nous demander à être libérés.

Grâce à eux, nous pûmes faire œuvre utile et, en 1891, nous maintenir quand même à notre poste.

En 1888, nous importâmes de Madagascar quantité de bestiaux, principalement des vaches. — Nous avions constaté que les rares spécimens de la race bovine échappés aux guerres antérieures, prospéraient à la Grande Comore.

Malheureusement les Comoriens exerçaient continuellement leurs rapines contre nos troupeaux mis en coupe réglée. — Nous prîmes le parti de leur en confier une grande partie ; pour prix de leur garde, ils avaient droit à la moitié des naissances.

Des troupeaux furent ainsi reformés dans l'île, à notre détriment, car il advenait généralement, que les veaux et génisses formant notre part périclitaient, ou mieux, disparaissaient entre les mains des métayers.

Bientôt nous fûmes obligés de reconnaitre qu'à l'altitude où nous nous trouvions, la proximité de la grande forêt rendait les cultures entreprises sans avenir.

Nous réclamâmes au Sultan des terres à une altitude plus basse et la plaine de Salimani qu'il nous avait particulièrement vendue. Les pourparlers trainèrent longtemps, Saïd Ali prétextant être impuissant depuis l'installation du Résident Weber.

Au cours de cette même année 1888, M. Humblot, à la suite d'un empoisonnement, dut rentrer se soigner en France ; il en profita pour exposer au Département des Colonies les difficultés multiples s'opposant à notre colonisation, il était convaincu par les déclarations répétées du Sultan qu'elles étaient surtout suscitées par l'attitude et la politique du Résident.

Comme nous l'avons dit précédemment, le Ministre nomma M. Humblot, Résident.

Grand fut l'étonnement du Sultan, en voyant son ami rentrer en 1889 avec ce titre de Résident, son épouvantail. Du coup se trouvait supprimé l'obstacle qu'il nous opposait depuis plus de deux ans.

D'autre part, nous avions pris pied dans le pays, les Comoriens reconnaissaient le parti qu'ils pouvaient tirer de nous. Les travaux reprirent avec une nouvelle vigueur, M. Humblot s'appliqua à créer de véritables routes de pénétration. Il avait reconnu que le véritable moyen d'administrer les Comoriens était de ne pas habiter précisément au milieu d'eux, de moins gêner ainsi leurs mœurs et usages, mais qu'il fallait néanmoins pouvoir se mettre très rapidement en contact avec eux, dès qu'il était nécessaire.

Il sentait l'hostilité de la population se continuer en sourdine contre le Sultan et qu'un jour ou l'autre Nioumbadjou pourrait peut-être lui servir de refuge.

Il entreprit en même temps aux frais de la Société, quatre routes partant de Nioumbadjou et allant : l'une à la capitale Moroni, la seconde vers le nord de l'île, la troisième vers le sud et la quatrième descendant directement au bord de la mer à Salimani (cent seize kilomètres environ).

De nouvelles plantations étaient créées vers le littoral.

Une première scierie mécanique était installée à Boboni, à 600 mètres d'altitude entre Nioumbadjou et Moroni.

Lors de la révolution de 1891, nous subissons des pertes considérables, nos travailleurs transformés en soldats doivent abandonner les plantations, mais ils nous permettent de nous maintenir.

Sitôt le pays pacifié, M. Humblot entreprit pour le compte du Sultanat la construction d'une route devant faire le tour de l'île sur le littoral et relier ainsi tous les villages entre eux, puisque ces villages se trouvent principalement dans cette zone.

Une petite source existant dans le sud de l'île sur Badjini à 300 mètres d'altitude, il entreprit sa captation au profit de la ville de Foumbouni, située au bord de la mer, à 50 kilomètres de Nioumbadjou.

Les travaux étaient pour les Comoriens l'occasion de gagner l'argent nécessaire à acquitter leurs impôts.

Survinrent les événements de 1893.

En 1894, après le départ de Saïd Ali, des améliorations furent faites dans la ville de Moroni, un bâtiment de douane construit.

En 1896, M. Humblot rentrait en France. Le 9 avril 1897, était signée une convention entre le Gouvernement et la Société. La délimitation de son domaine était faite ensuite; et M. Humblot s'efforça de donner depuis lors, le développement le plus large à l'œuvre de la colonisation.

Les chemins muletiers primitifs furent transformés en routes carrossables, les ponts de fortune en ponts charpentés qui eux-mêmes deviendront plus tard des ponts à arches maçonnés.

Une route à flanc de coteau, ayant 5 mètres de large, 5 à 6 pour cent de pente, des remblais de 4 à 5 mètres de haut, fut construite entre la ville de Moroni (littoral) et Boboni, 600 mètres d'altitude. Un chemin de fer Decauville y fut installé et nous permit en 1904 d'amener à Boboni un matériel considérable de scierie mécanique, dont le générateur constituait une pièce unique pesant 7.000 kilos.

— 17 —

Cette scierie couvre un espace couvert de plus de 1.400 mètres carrés.

La scierie comprend :

Un générateur semi-tubulaire de 180 mètres de surface, d'une force de 140 chevaux, chauffé par un foyer Godillot.
Une machine horizontale d'une force de cent chevaux de la maison Farcot.
Deux citernes maçonnées d'une contenance de 400.000 litres (ensemble).
Deux réservoirs en tôle galvanisée contenant ensemble 300.000 litres.
Un aéro-condenseur Frédéric Fouché permettant de réduire la consommation d'eau à son extrême minimum.
Une grande scierie verticale pour bois en grume, jusqu'à 1m,50 de diamètre.
Une scierie verticale moins forte.
Une grande scierie à ruban pour les gros débits.
Une scierie à ruban plus petite.
Trois scieries circulaires de 0,80 cent. de diamètre.
Deux scieries circulaires de 0,60 pour bardeaux.
Une scierie circulaire tronçonneuse.
Une scierie verticale à dix lames.
Une machine à raboter.
Une machine à bouveter.
Une toupie.
Deux tours parallèles.
Un atelier d'affutage automatique.
Ateliers de forge, de fonderie, de brassage, de charpenterie.
Une voie ferrée circule dans la scierie, le maniement des bois se fait à l'aide de ponts roulants et de palans différentiels.

L'amenage des bois en grume à la scierie et la descente des bois débités à la côte sont assurés par une voie de chemin de fer Decauville.

Des chemins d'exploitation ont été taillés dans la forêt à des altitudes différentes; les passages des torrents nous ont obligés à de grands travaux d'art.

A Moroni, nous avons construit des magasins à marchandises, des hangars à bois, des quais d'embarquement, un wharf, et avons amorcé une jetée qui, en reliant la terre ferme au récif de Dzoiadjou abritera l'intérieur du petit port, des vents du Nord, et permettra aux boutres de s'y mettre à l'abri.

Un système de battelage nous permet de faire nos embarquements *en pleine mer*.

A Salimani, des magasins importants, des bâtiments en maçonnerie, destinés à la préparation et au séchage de la vanille, du cacao, des girofles, des cocos, et autres produits, ont été construits.

De ce point à Nioumbadjou, en s'étendant vers Boboni, plus de 600 hectares de terrains sont en culture, divisés par des routes carrossables et des chemins d'exploitation, tous faits en remblais variant de un à trois mètres de haut; c'est une façon de débarrasser quelque peu les terrains des quantités de pierres de lave y existant.

Malheureusement il en reste une quantité encore plus grande qu'il faut mettre en tas, et c'est entre ces tas de pierres que sont faites nos plantations, c'est vous dire combien est pauvre le sol comorien !

D'autres terrains sont en préparation de culture.

Il faut ajouter que le sol de formation volcanique ne possède aucun cours d'eau permanent; aussi les plantations sont-elles toujours exposées, sans remède possible, aux périodes de sécheresse pendant lesquelles la lave surchauffée grille les vanilles et autres plantes irrémédiablement.

Certaines années, des pluies hivernales font couler pendant quelques heures des torrents descendant impétueusement du sommet de l'île (2.400 mètres). Lorsqu'ils débordent, leurs ravages sont épouvantables.

A Nioumbadjou, des magasins, des parcs à bœuf, des écuries, nos habitations ont été construits.

A 1.800 mètres d'altitude, une convalescence et un potager; des essais de culture de plantes européennes y ont réussi.

Puis, sur différents points du domaine, plusieurs villages de travailleurs, et des parcs à bœufs.

Le dernier Gouverneur de Mayotte ayant visité nos exploitations est M. Paul Patté. Il est en congé à Paris; veuillez, Messieurs, le questionner. Il vous dira que nous avons fait là-bas une œuvre française.

La dépêche ministérielle du 9 avril 1897, son interprétation du 10 mai 1897 et la lettre d'approbation du Ministre des Colonies du 29 juin 1897 ont défini les obligations et les droits de notre Société, et reconnu les dettes du Sultanat, vis-à-vis d'elle et de M. Humblot.

A ce sujet, je joins les copies : d'une lettre adressée par M. Humblot à la Commission des Comores le 17 novembre 1896 — d'une lettre du Sultan Saïd Ali au Gouverneur de Mayotte (le 21 janvier 1892), M. Papinaud, lequel fut entendu en 1896 par la Commission des Comores, et des deux reconnaissances de compte en date des 25 avril 1892 et 20 juin 1892, dont les originaux se trouvent entre les mains de Maître Millerand, notre avocat (annexes nᵒˢ 15, 16, 17, 18).

En consultant la carte de la Grande Comore (annexe nᵒ 22), ci-jointe, vous pouvez y voir la ligne rouge indiquant la délimitation de notre domaine. A ce sujet, je joins copie d'une lettre en date du 16 décembre 1907 adressée par le Capitaine Dubois (annexe n° 19) à M. Vigouroux et protestant contre ses accusations.

Vous remarquerez la proportion énorme de coulées de lave, comprise dans ce domaine, et la pente si rapide de la Grande Comore, qui, sur une base de 35 kilomètres de large élève un sommet de 2.400 mètres.

Excellent sol, a dit M. Vigouroux; hélas! on voit bien qu'il n'y mit jamais les pieds et que la plupart de nos fonctionnaires s'y promènent en chaise à porteur.

Néanmoins, certains ont reconnu que sa pauvreté (il n'y existe aucun cours d'eau), son peu de rendement étaient une véritable barrière à l'établissement de l'impôt foncier.

A tel point que depuis trois ans, seuls les trois Européens propriétaires sont imposés (Humblot et Cⁱᵉ, Legros, Foullé) et pas un Comorien, ni même les étrangers, Indiens, Arabes.

Le Gouvernement s'est étonné de nos recours au Conseil d'Etat.

Ces recours sont bien naturels, puisqu'ils ont pour objet de sauvegarder nos droits contestés par l'Administration locale, malgré les termes formels de notre convention.

Actuellement nous avons encore au Conseil d'Etat: un recours contre l'imposition des droits de consommation ; un recours contre l'impôt foncier ; M. Legros personnellement un recours général : le Gouvernement n'admettant pour lui ni le régime de la dépêche du 9 avril 1897, ni celui du traité du 5 novembre 1885, on l'oblige à payer toutes les impositions possibles y compris l'impôt foncier, qui n'est pas réclamé aux indigènes. A ceux-ci, l'Administration donne des droits, soi-disant d'usage, qui les rendent plus propriétaires du terrain que le propriétaire lui-même.

Si nos droits doivent être modifiés par l'annexion, ce ne serait qu'à la suite d'une expropriation comportant les indemnités légitimes.

Je crois utile de rappeler que les Comores sont exposées aux effets désastreux des cyclones.

Mayotte subit particulièrement celui de 1898, et obtint à cette époque un emprunt de 500.000 francs.

Coup sur coup en 1905, 1906, 1907, 1908, Anjouan, Mohéli, la Grande Comore furent ravagées, des propriétés anéanties, les cultures vivrières détruites. On accorda de très faibles secours en riz aux indigènes leur en faisant payer une partie.

Quant aux colons, on ne fit rien pour eux ; et pourtant, en présence de pareils cataclysmes, dans les autres colonies des secours sont attribués aux sinistrés.

Après le cyclone du 14 avril 1908 un envoi en juin de 50.000 kilos de riz fut fait aux 60.000 habitants de la Grande Comore (c'est-à-dire 0 k. 833 gr. par habitant, la ration d'un jour), ils sont depuis et actuellement encore réduits à la famine. La France a secouru les Italiens, que ne secourt-elle ses protégés Comoriens ?

CHAPITRE III

Main-d'œuvre

Il n'existe pas à la Grande Comore autant de main-d'œuvre que l'on s'applique à le dire ; et d'autre part M. Humblot n'a jamais réduit les Comoriens à fuir leur pays et à s'exiler à Zanzibar, cette assertion est inexacte.

Une colonie de Comoriens a toujours existé à Zanzibar ; elle s'accrut, lors de la défaite du sultan thibé Mousafoumou, de ses partisans fuyant la domination de Saïd Ali ; le Sultan de Zanzibar, ami de Mousafoumou, les y accueillit.

De tout temps d'ailleurs les Comoriens ont commercé avec Zanzibar ; beaucoup s'y sont mariés ou y ont des membres de leur famille et y entretiennent des relations suivies.

Néanmoins depuis l'établissement du Protectorat, l'Administration française s'est appliquée plus ou moins à empêcher l'émigration des jeunes gens de ce côté.

On a reproché à M. Humblot d'avoir empêché les recrutements pour les pays français d'alentour ; au contraire il les favorisa, il s'entremit pour recruter des Comoriens pour La Réunion. A ce sujet, je vous demande Messieurs d'entendre M. Dolabaratz, Président du Syndicat des agriculteurs de La Réunion, 50, avenue de Saxe. M. Georges Richard, avocat, ex-maire de Saint-Denis de La Réunion, 6, rue Saint-Antoine. M. Humblot fit de même pour des recrutements militaires destinés à Madagascar en 1895 au moment de la campagne. Veuillez lire, Messieurs, les lettres de remerciements que lui adresse à cette époque le Commandant Pardes (annexe n° 20).

Il engagea pour Mayotte les Comoriens désirant y aller.

Des recrutements eurent lieu aussi pour Anjouan et Mohéli.

Mais il désirait que ces engagements fussent consentis par les indigènes, en toute liberté ; et enfin qu'on ne débauchât pas autant que possible les ouvriers sortant de son école professionnelle; lire le rapport de M. l'Inspecteur Hoareau-Desruisseaux.

Les chiffres donnés dans le rapport Vigouroux sont erronés — le budget en fait foi —; 9.000 contribuables d'après ce dernier document, représentent à la Grande Comore la population masculine de 15 à 60 ans.

M. l'Inspecteur Norès réduit même ce chiffre à 8.000; nous sommes loin des 20.000 proclamés par M. Vigouroux.

Et il faut savoir ceci :

Le Comorien dans son pays ne travaille hors de son village que jusqu'à 25 ans environ, âge auquel il fait son grand mariage et se consacre à sa famille; il ne faut pas croire que la Grande Comore renferme seulement des hommes destinés à servir de travailleurs aux planteurs.

Les Comoriens forment un peuple; ils prétendent encore vivre par eux-mêmes, dans leurs villages, suivant leurs coutumes; leur religion, en réduisant au strict nécessaire les relations avec les représentants de notre pays, qu'ils soient fonctionnaires ou civils, les Comoriens cherchent à tirer parti des dissentiments qui peuvent exister entre ces deux éléments.

Contrairement encore au dire de M. Vigouroux, nous traitons bien nos travailleurs, la meilleure preuve en est, qu'aujourd'hui encore les Comoriens travaillent sur nos chantiers, de bonne volonté.

Nous reconnaissons les aléas du travail libre, sans engagement; mais nous avons dû reconnaître, d'autre part, que l'Administration locale, au lieu de veiller à ce que les indigènes remplissent scrupuleusement les termes de leur contrat d'engagement, ne s'en préoccupe que pour nous obliger à payer l'impôt de capitation dû par des engagés absents, malades, déserteurs, partis pour l'extérieur, ou même morts, que nous ne devions pas.

Nous y avons renoncé; advienne que pourra.

Et je fais appel au témoignage des docteurs Vaysse, Brochet, Olliver, Percheron, Lafont, Honorat, Carmousse, Fauré, Giudice, médecins des troupes coloniales ayant servi à la Grande Comore; ils diront comment nous traitons nos travailleurs et si notre infirmerie est un trompe-l'œil, comme l'a prétendu M. de Lapalu.

Nos travailleurs ont toujours été payés suivant leur dû, et en présence d'un délégué de l'Administration locale, vérifiant le compte de chaque travailleur; et à chaque paye un procès-verbal était dressé.

Nous souhaitons que le rattachement des Comores à Madagascar, ne soit pas préjudiciable à notre archipel, qui, ne tirant ses produits que de l'agriculture, sera définitivement ruiné, si la main-d'œuvre est drainée vers la Grande Ile.

Le gouvernement de Madagascar a interdit l'émigration malgache vers La Réunion; que l'émigration comorienne soit interdite vers Madagascar.

CHAPITRE IV

Protestation de Saïd Ali

Saïd Ali a toujours protesté, et tout d'abord de son désir d'obtenir la protection de la France.

Après l'avoir obtenue, il a protesté contre l'ingérence du Résident dans son pays, ce Résident s'appelle-t-il Weber, Le Carney ou Humblot, du moment qu'il pensait pouvoir se passer de son secours.

Saïd Ali voulait la protection du Gouvernement Français, mais à la condition que cette protection s'exercerait à la Grande Comore pour lui seul :

« La France est très grande que de vouloir prendre ma petite roche ou me demander d'être associée sur l'autorité de ce petite roche. » (Lettre du 27 souffre 1303.)

Cette protection, selon lui, devait avoir pour effet de le maintenir seul souverain, omnipotent, sans porter préjudice à son autocratie, à son petit commerce.

Saïd Ali a signé des traités parce qu'il était dans la nécessité de les signer pour la sauvegarde de son trône, de sa tête.

Remarquez : à peine a-t-il signé le 5 novembre 1885 le premier traité, qu'il entreprend en décembre 1885 une guerre, confiant dans l'appui d'Humblot ; il est cependant vaincu, fait prisonnier.

Mais que serait-il devenu, si Humblot n'avait pas été là pour payer sa rançon aux Badjiniens ?

Par la suite les deux traités de Protectorat, 6 janvier 1886 et 6 janvier 1892, ne sont passés chacun qu'à la suite d'une série d'actions militaires françaises, la première le maintenant sur son trône, la dernière l'y rétablissant.

Mais en 1887, comme je le disais précédemment, dès qu'il se sentit hors de danger, *il revendique hautement sa liberté de gouvernement, son autorité, qui, dit-il, lui ont été prises par M. Weber.*

« *Je compte partir pour Mayotte ou même en France pour savoir*
« *l'affaire de mon pays.* » (Lettre du 22 mouharame 1305.)

Déjà à cette époque une idée domine en lui, réclamer, protester
jusqu'en France.

Saïd Ali, dans sa lettre d'abdication du 23 septembre 1893, fait
les déclarations suivantes au Gouverneur Lacascade :

1° « *Je viens vous remercié d'abor de votre bonne hospitalité et votre*
« *bon accueillir et votre amilier...*

2° « *Je viens... vous dire que d'après les troublements qui se*
« *trouve frécantement contre moi à la Grande Comore, et la for déles-*
« *tation que un partir de mes sujets m'ont montré cette fois-ci... donc*
« *ce d'avoir m'accusé que jeté agréable de l'attentat commi contre*
« *M. Humblot... pour couper l'amitié qui ai entre la France et moi,*
« *puisque chac foi qu'il soulèvent contre moi, ce la France qui me*
« *protége toujour...*

3° « *Puisque mes sujets me montre souvent l'infidélité, et comme*
« *je ne veut pas que ma patrie soit malheureuse par leurs habitudes de*
« *révolté...*

4° « *Alors je donne mon droit à la généreux France pour occuper*
« *le pays elle-même.* »

Il reconnaît que ce sont ses sujets qui l'accusent, confirme
ainsi combien les sentiments de la population lui étaient défavorables.

Cependant il n'écrit pas comme jadis en parlant de M. Weber :

« *Il a leurs dit fairine les iœux et con débauche tout le peuple*
« *pour consporte de plainte chez lui contre moi et de me calomnie pour*
« *qu'il fait dans ses rapport mauvaise chose contre moi en France.* »
(10 septembre 1887.)

Mais il proteste, par habitude.

Puisque Maître Olagnier au nom de Saïd Ali prétend que
cette lettre d'abdication est un faux, j'ai l'honneur de vous remettre
en communication dix-huit lettres de Saïd Ali, écrites à différentes
époques afin que vous puissiez par vos yeux vous convaincre de sa
mauvaise foi.

J'attache à ces lettres, vous le comprendrez, Messieurs, une
grande valeur, et vous demande de me les rendre ensuite.

Je me permettrai d'ajouter : il est triste de constater la désin-
volture de Saïd Ali qui dans sa lettre adressée au *Temps* en 1897,

tout en prétendant avoir ignoré ce qu'il a signé, accepte par la dite lettre tous les engagements qu'on lui a fait prendre.

Mais est-elle bien de lui cette lettre? Demain peut-être il ne va plus la reconnaître. Et protester encore.

CHAPITRE V

Annexion

Vous m'avez fait l'honneur, Messieurs, de me demander mon opinion sur l'annexion :

Je suis Français, Vingt-trois ans d'exil, loin du sol natal, n'ont fait que développer mon patriotisme.

Mon beau-frère Humblot et moi, nous avons planté le premier mât de pavillon français à la Grande Comore.

Notre désir est de voir à jamais flotter sur l'île, les couleurs tricolores, sans aucune restriction.

Au point de vue indigène : Vous devez connaître : par l'histoire de la Grande Comore de la France ; par les révolutions successives survenues dans le pays contre Saïd Ali, malgré la protection par la lettre d'abdication de Saïd Ali ; par les déclarations répétées des Comoriens (annexe n° 9), quel est le véritable sentiment de la population à son égard et en même temps à l'égard de la France, puisque depuis le jour où il quitta le sol comorien, il n'y eut plus de révolution.

En votant l'annexion : Vous ferez définitivement cesser l'état d'incertitude et de crainte dans lequel la nouvelle constamment répétée du retour du Sultan, Saïd Ali, tient la population entière, et lui laisse supposer la rénovation d'un régime exécré qu'elle croyait à jamais fini (annexe n° 21).

Vous mettrez ainsi fin aux revendications des ex-sultans. Suivant le système indigène, ils renouvellent leurs doléances à chaque nouveau venu. Celui-ci ignorant les faits passés, s'enflamme d'un zèle imprudent, et remet à l'ordre du jour des questions définitivement réglées depuis longtemps.

Tel le Sultan Maridjiani, ex-déporté, de retour récemment à Mohéli ; il renouvelle ses réclamations, revendique des terres domaniales et créera forcément une agitation.

Vous abolirez à jamais l'ancien régime autocratique.

Saïd Ali écrivait en parlant de son pouvoir :

« *Je préfère d'être vrai sultan d'un jour que d'être sultan de nom pendant toute ma vie.* » (10 zilcaadi 1305.)

En parlant du Résident et de lui :

« *Deux sabres ne peuvent tenir dans le même fourreau.* » (26 mouharam 1305).

Et en parlant du peuple Comorien :

« *Il m'ont reconnu leur maître absolument pour les vendre et leur faire ce que je veux, je suis le couteau et eux la viande.* » (27 souffre 1305.)

Vous ne serez pas surpris, Messieurs, que le peuple Comorien n'ait pas gardé le souvenir fidèle d'un prince qui comprend ainsi le gouvernement d'un pays, et considère ses sujets comme une marchandise d'exportation (annexe n° 27).

Je demeure, Messieurs, à votre entière disposition pour répondre à toutes les questions que vous croiriez devoir me poser; heureux je serai si j'ai réussi à vous aider à connaître un tant soit peu la Grande Comoro et mon beau-frère Humblot.

CH. LEGROS,
55, rue du Cherche-Midi.

Paris, mars 1909.

P.-S. — Je me permets de joindre un travail de M. Jean Peyraud relatif à Mohéli.

BORDEREAU DES ANNEXES

Nᵒ 19. — Lettre du 16 Décembre 1907 de M. le Capitaine Dubois à M. Vigouroux.

Nᵒ 20. — Lettres des 28 Juin et 27 Septembre 1894 du Commandant Pardes.

Nᵒ 21. — Déclaration du 7 Novembre 1908 du Cadi Chéi Amadi ben Achimon.

Nᵒ 22. — Carte de la Grande Comore par M. le Capitaine Dubois.

Nᵒ 23. — Lettre de M. Fontana du Juin 1905 et ses notes.

Nᵒ 24. — Un exemplaire des « Des sous de l'Affaire des Comores »... par Jean Peyraud.

Nᵒ 25. — Un exemplaire de « L'Affaire des Comores », par Jean Peyraud, relatif à Mohéli.

Nᵒ 26. — Dix-huit lettres autographes de Saïd Ali sont confiées à l'examen de la Commission.

Nᵒ 27. — Lettre du 9 juillet 1885 de M. Bundervoet à Saïd Ali.

En date des

1. — 14 Mars 1886.
2. — 21 Rabilhavili 1303 (26 ? Décembre 1885).
3. — 27 Décembre 1886.
4. — 10 Septembre 1887.
5. — 22 Mouharamo 1305 (7 ? Octobre 1887).
6. — 26 Mouharamo 1305 (11 ? Octobre 1887).
7. — 27 Souffre 1305 (9 ? Novembre 1887).
8. — 7 Rabile Aoualo 1305 (18 ? Novembre 1887).
9. — 21 Rabdo Akiri 1305 (1ᵉʳ ? Janvier 1888).
10. — 22 Juillet 1888.
11. — 10 Zilcaadi 1305 (14 ? Juillet 1888).
12. — 20 Zilcaadi 1305 (24 ? Juillet 1888).
13. — 15 Chaoual 1306 (10 ? Juin 1889).
14. — 7 Chaban 1307 (24 ? Mars 1890).
15. — 12 Chaoualo 1307 (27 ? Mai 1890).
16. — 7 Djamadil Aoualo 1308 (18 Décembre 1890).
17. — 10 Janvier 1893.
18. — 17 Août 1893.

Ch. LEGROS.

ANNEXE N° 1

Au nom du Dieu Clément et Miséricordieux,

A Son Excellence M. le Président de la République Française

MONSIEUR LE PRÉSIDENT,

J'ai l'honneur de vous annoncer que, d'accord avec mon Conseil et tous mes Ministres, j'ai donné à M. Humblot, naturaliste, chargé par le Ministère de l'Instruction publique d'une mission scientifique dans mon royaume, plein pouvoir pour solliciter la bienveillance du Gouvernement Français, pour avoir son protectorat ou faire un traité qui permette aux Français de venir s'établir dans mon pays.

M. Humblot a également tout pouvoir pour donner des concessions de terre selon les conditions arrêtées entre moi et lui.

M. Humblot connaît la Grande Comore mieux que personne, il est le seul qui soit allé partout.

M. Humblot a acquis toute ma confiance par sa conduite, le bon exemple du travail et du courage qu'il a apporté dans mon royaume.

Dans l'espoir, Monsieur le Président, que vous voudrez bien considérer M. Humblot comme moi-même, et accorder les bienfaits de la France sur mon peuple qui, comme moi, aime les Français, j'ai l'honneur, Monsieur le Président, de vous présenter mes respects.

Veuillez me croire votre très respectueux,

Signé : SAÏD ALI BEN SAÏD OMAR,
Sultan de la Grande Comore.

Fait de ma main à Mouroni, le 10 janvier 1885.

Approuvé par mes Ministres.
(Il y a seize signatures arabes.)

Pour copie conforme,
Ch. LEGROS.

Annexes N° 2 et 3

4 janvier 1888

Au nom du Dieu Clément et Miséricordieux Louanges à Dieu Maitre de l'univers.

Que la bénédiction et les meilleurs Salut de Dieu se répende sur le Seigneur Mahomet.

Saïd-Ali ben Saïd-Omar, *Sultan de la Grande Comore.*

A Son Excellence M. Jules Grévy.
Président de la République Française,
Salut.

Illustre Président,

« Je prie Dieu au nom de sont Prophète le Seigneur Mahomet, pour que ma lettre arrive dans vos augustes mains, j'ordonne des prières dans tout les Mosquers de mon Royaume pour que vous la lisier.

« Dans l'année 1884, je été parvenu a être seul Sultan de la Grande Comore j'aves la guerre pendant Sept ans pour gagne, mais mon Pays était ruiné.

« Un Français arrive pour me voire, mais faisont avec ensemble un trété pour le mettre à mon lieu et plasse a fain qu'il exploite tout les tères de mon domaine de sont côté il prenne des gros engagemonts considérables. Je lui donné tous mes pouvoires pour vous prier à vous, tré hot Président, de me donner la protection de la Noblesse France ou tout au moins à trété qui permette aux Français d'arrive pour s'établir surement et sent crainte des dangers dans mon Royaume.

« Vous avez été bon d'envoié un navire de guerre le *Boursaint* pour voire en faisant la signature de ce trété qui lut fait avec ma main petite sous les paroles glorieux du Commandant du Navire de guerre et signé par tous mes Ministres. Quelques temps apré mon peuple tré fanatique et encore sauvage macusa que j'ai vendu mon pays au Blans croyant que ont abimé les Lois et des mœurses Glorieux Musulmane la Noblesse France généreux viène me protège, je vous

— 33 —

ai témoigné ma reconnesence dens plusieurs lettres de votre hote
Protection.

« J'ai honoré de recevoir une lettre de votre Grandeur Noblesse
qui me félicites de Recevoir les Français pour travaillé et vous me
dit écouté et fait ce que vous dite M. le Commandant de Mayotte,
considéré ses paroles comme les parole de la France Préssieux ce
que la France veu ce votre indépendance, le jour ou je reçu votre
glorieux Lettre fut le plus bau jour de ma vie, je fait tous ce que ma
dit M. le Commandant de Mayotte je signé tout ce qu'il m'a dit de
signé, car je savez que la Noblesse France veut mon bien.

« Je signe plusieurs papier mai jamé je ne gagné la copie, on
me donne que celle dont je fait copie pour que vous sache. »

« A bord du *Nielly*, 2 décembre 1886.

« Rade de Mouroni

« Le Commandant de Mayotte, Représentant du Protectorat
« Français aux Comores.

« A Sa Hautesse SAID ALI BEN SAID OMAR
« *Sultan de la Grande Comore*,
« Salut.

« ALTESSE,

« Vous avez bien voulu me demander de vous indiquer par
« écrit la nature des attributions conférées au Résident de France
« dans vos Etats. Je m'empresse de répondre à votre désir en consi-
« gnant ici ce que j'ai déjà eu l'honneur de vous dire dans nos diffé-
« rents entretiens.

« Le Résident est placé auprès de vous comme le garant de
« l'amitié de la France. Il aura tout particulièrement à veiller à
« l'exécution de notre *trété* au 6 janvier dont les clauses sont très
« claires. Hors de la, il ne pourra point s'immiscer directement dans
« l'administration intérieure de l'Ile.

« Vous le trouverez néanmoins toujours disposé à vous *aidé*
« de ses conseils dans toutes les circonstances ou vous voudrez bien
« faire appel à son concours.

« Votre agent sera naturellement un intermédiaire entre votre
« Altesse et les Etrangers.

« Enfin le Résident qui est placé sous mon autorité immé-
« diate devra attendre mes instructions pour le réglement de toutes
« les questions pouvant intéresser le Protectorat. »

Signé : GERVILLE RÉACHE.

« Lorsque arrive M. le Résident, je être beaucoup heureu car
je croyé qu'il vient pour être mon ami mon conseil mais class! Monsieur le Haut Président il n'en a pas été ainsi.

« Aussitôt il arrive; je le croye bien, mais bientot il veul
commande en maitre ne respectant ni les Lois ni les meurses de
mon Pays. Il me déclara qu'il falé que je casse le Trété que j'ai avec
les Français, comme je suis content de ces Français bon qui avez
fait execute leur engagement avec moi me donnent argent, nourri-
ture, munitions, me riscant leur vies pour moi, je ne pas capable
pour lui donné satisfaction quelque temps il me dit qu'il falé détruire
le trété des Français et aussi celle que fait M. le Commandant de
Mayotte me présentent un nouveau trété voulent que je le signe veut
faire conseil avec mes Ministres, je refuse d'abord lui demendent
de me donné le trété pour que je letudie, il se fache et me dit alors:
« Si vous me signé pas un autre signora. »

« Depuis que je refuse Illustre Président, il faudré que je
écrive beaucoup des lettres comme cela pour vous fait savoire tous
les kabares de M. le Résident.

« Pour abéssé mon autorité il se met avec tous les Princes
qui me font la guerre pour me volé mon trone, il fait amitier avec
mes ennemie il se met à la tête de plusieurs révoltes contre moi, ne
croit pas ma parole et me fait jurer sur le Coran glorieux grand affront
pour un sultan Arabe me faisent insulté par un Commandant de
Navire de guerre qui ne veule pas me donné la main devent tous
mes Ministres, il casse toute relation pendant quatre mois il dit
qu'il n'y a plus de Résident.

« Quand la France elle vien se batre pour moi; quand le
Navires des guerre me donne salut, le Résident me dit que c'est lui
qui demande au Commandant faire cela, le Résident il veu que je
remercie à lui.

« Quand mon peuple ou plutot quand le Résident dit que celui
que mon peuple il insulte et n'a pas respecté, il ma rend responsable

et prétend que ce la Noblesse France qui est insulté. Il se mêle des kabars du pays, de réglé les succetions des chos que même à Mayotte qui a des Français depuis quarante-huit ans on lesse faire justice par le Cadi.

« Il fait destruction tout justice tout discipline depuis qu'il arrive il voulo changé l'impot alors depuis je ne gagne pas un sentime je suis dans la misère.

« M. le Commandant de Mayotte et M. le Commandant de la Division Navale sont venue pour nous metre d'acored M. le Résident est un beau et grand parleur, les paroles parte de sa bouche comme l'eau qui coule dans un toran, il savo retourne les choses et moi je ne comprenne pas bien quand les Commandant de Navire il parle.

« M. le Résident il fait venir chez lui des chefs rebelles qui êtes condannés par le Commandant de Mayotte à la déportation et qui a être en fuit longtemps dans les bois il en a fait ses amis même puis il me déclare devan le Commandant de Division Navale que ces Princes voulez me demandé pardont, c'est la dix foit qu'il les font et toujours il se révolte de nouveaux. Le Commandant de la Division Navale parti au lieu que ces rebèle me demande pardon le M. le Résident veu me force que je le nome Sultan dans la province d'Isandra et la province de M. Badjini voilà comme il fait pour tout il dit blanc et il fait noire.

« En un mot M. le Résident ne manque pas une occasion de me bèsse aux yeux de mon peuple déclarant qu'il n'y a plus de Sultan rien que lui le Résident seulement qui été la France glorieux je sevo très bien Monsieur le Présieux Président que je suis une petite chose auprè de la Noblesse France qu'elle peu prendre mon pays quand elle voudra, je ne pu rien je suis comme une goude l'eau auprè d'un océan pourtant je empeu lu et étudier est en élové par les Français, mon Père respectable il a être Chevalier de la Légion d'honneur et aprè votre lettre Heureux je ne m'attendé pas à être insulté comme je le suis. Mais comme je vois M. le Résident faire même chose pour les Français qui sont dans mon pays qu'il combat et dont il gène les ravaills par tout sorte d'ennuis, j'espère encore ce ne pas la France Généreux qui manque a tout les Promesses qu'elle m'a faite à moi son petit fidèle mais l'homme personnellement qui faire ici. Je prie a votre Grande Générosité pour refaire mon autorité, je ne suis pas responsable de ce qui arrive tous les jours aux Français, je vous prie fait connaitre à mon peuple que je suis toujours leur Sultan et seul maitre et en m'aidant à débarassé l'Ile des ensien chefs rebèle qui sont les ennemis de la France comme ils sont mes ennemis. Ils ont maintenant les ami et les conseil du Résident qui promète a eu le pouvoir mais lorsque il gagne je puis vous à sure qu'il sera pas possible à un Français qu'il abite l'Ile, car je suis Arabe et je comie mes compatriotes. Je tien aussi Monsieur le Président à vous faire connaitre que tant que l'ont ne me aura pas rendu mon autorité je ne suis pas capable de protège les Français qui sont actuélement dens mon pays je rejete la responsabilité de ce qui leur arrivera sur M. le Résident qui du reste me écrit dens une lettre ou il me ordonn de ne faire plus conseil ni faire jugement sent sa permition, et qui prendre les droits de faire sortire de prison des chefs rebèles qui été fermé apré un jugement donné par tous les Cadis Ministres et les chefs de mon Royaume.

« Je prie Dieu de répendre sur toute la Glorieux France et sur tout les Français sa Grande Miséricorde infini que la richesse les honneurs et la Paix règne dans votre bien heureux Pays.

« Je voue encore une foit remercier grandement cette Noble Nation pour toute les bien fait qu'elle a répendu sur moi du secorps qu'elle me donne et de son précieux amitier...

« Que Dieu Illustre Président vous conserve ainsi qu'à votre famille Noble une longue et heureux vie et vous accorde ses supérieurs Grâces.

« Je suis et je serez toujours l'ami fidelle de la France.

Signé : SAÏD ALI BEN SAÏD OMAR.
Sultan de la Grande Comore.

Le 4 Janvier 1888

Pour copie conforme :
Ch. LEGROS.

Copie

MINISTÈRE
DU
**COMMERCE, DE L'INDUSTRIE
ET DES COLONIES**
—

Sous-Secrétariat d'État des Colonies
1re DIVISION
1er BUREAU
—

Nomination

de M. Humblot comme Résident
à la Grande Comore

—

ANNEXE N° 4

RÉPUBLIQUE FRANÇAISE
LIBERTÉ, ÉGALITÉ, FRATERNITÉ

Paris, le 11 octobre 1889.

*Le Sous-Secrétaire d'État des Colonies,
à M. Humblot.*

MONSIEUR,

Vous avez bien voulu pendant votre séjour en France, me faire savoir que vous consentiriez volontiers à vous charger gratuitement des fonctions de Résident à la Grande Comore.

« Désireux d'utiliser la haute expérience que vous avez acquise pendant votre séjour dans l'archipel et votre dévouement aux intérêts généraux de ces Pays, j'ai décidé de vous confier le titre de Résident à la Grande Comore.

« Je donne avis de cette nomination à M. le Gouverneur de Mayotte en le priant de vous remettre la présente lettre à votre arrivée à Mayotte, et de vous accréditer auprès du Sultan.

« Je ne doute pas que comme Représentant de la France, vous n'apportiez dans l'exercice de vos délicates fonctions l'esprit de modération et le tact indispensables au succès de notre politique dans ces parages.

« Recevez, Monsieur, les assurances de ma considération très distinguée.

Signé : Eug. ETIENNE.

Pour copie conforme :
Ch. LEGROS.

ANNEXE N° 5

Extrait d'une dépêche adressée le 11 novembre 1891, à Monsieur le Gouverneur de Mayotte, Monsieur Papinaud.

Paris, le 11 novembre 1891,

Le Sous-Secrétaire d'État des Colonies,
à Monsieur le Gouverneur de Mayotte,

Monsieur le Gouverneur, j'ai reçu le rapport du 1ᵉʳ octobre dernier dans lequel vous m'entretenez de votre récente tournée aux Comores et de la situation politique de cet archipel.

Je vous félicite vivement des heureux résultats que vous avez obtenus : Anjouan, complètement pacifié, retrouve la tranquillité nécessaire aux travaux agricoles ; la Grande Comore débarrassée, grâce à un acte de vigueur opportun, des ministres rebelles qui excitaient contre nous la population, peut être considérée comme pacifiée et en état de recevoir de nouveau son Sultan Saïd Ali.

J'ai hautement apprécié l'énergie et la décision qu'ont déployées, dans cette dernière île, M. le Résident Humblot et M. le capitaine Dubois ; je vous prie de leur exprimer toute ma satisfaction. J'écris, en outre, à M. le Ministre de la Marine pour lui signaler spécialement la conduite de M. Dubois.

. . . .

Pour copie conforme :
Ch. LEGROS.

Pour extrait conforme :
Le Chef du Secrétariat du Gouvernement,

Signé : CASTAING.

ANNEXE N° 6

Liste dressée par Saïd Ali en 1891.

C'est la Liste de les révoltés :

Bambao

Prince Abdalla.
Soilih-Mohamed.

Hamza.
Boina Ouaziri.
Mbai Assoumani.
Abdallah Boina, mort.
Mohamed Miradji.

Chey Amadi Cadi.
Mohamed Amadi.
Hamadi Mbaé.
Jdjihadi, mort.
Mohamed Chey.
Abdallah Itisso.
Soilih Mchangama.
Mohamed id.
Mohamed Ouaziri.
Abdallah Moindzé Foume.
Soilih Mna Como.
Djaé Saïdou.
Rassoulou.
Maoulane.
Islame Msindihisi.
Mraïrbi Moissi, Toûni.
Mravili Mssa Ngoumadzaha.
Mlaraha Touni.
Soò Mlimi Ngoumadzaha,

Itsanda :

Mdavorcha Nofoume.
Mhoussini.
Saïdi oua Haly.
Boina Mcoû.
Idjihadi ou Mchangama.
Aboudou   id.
Mchangama Simbi.
Abdouljabbâr.
Mbochezi Mdavorcha.
Mbaé Nombamba.
Bacari Boina.
Boina Mvoulana.
Madi Mchangama.
Boina Haly.
Tocha Tinda.
Mnemoi Soudjaouma Mcoundzi.
Abdallah Djoumabimbé.

Mdahoma Foumbamba.
Mdavoréha Saïdou Brahime.
Chébane Saïdi.
Mdahoma Assoumani.

Ouachili

Saïdi Mdahoma, mort.
Mravorcha Saïdou.
Mlémingou Djoumbéfoume.
Ali Saïdou.
Mhoudoiri.
Mnemoi Bambaouma.

Hamahame :

Simbamba Hamadi.
Mhoma Moiha.
Mravorcha Mouignd.
Mbaé Mrindaôda.

Boudé :

Foumbambo Daoud.
Msilié, Douniane.
Mchangama Saïdou.
Mbaé Mlouri.
Ahmada Saïdou.
Abdallah-Hadji.
Mdahoma Djoubamba.

Badjini :

Mouigni Chahabé.
Madihali.
Modimbamba Mdouzoua.
Mouigny Haly.
Saïdi Abasse.
Soilih Brahim.
Abdallah Saïdou.
Soilih Foungoulié.
Mzé Salim-Yahya.

Boina Hassani Ali.
M'mihani-Mahoma.
Mzé Inlambé, mort.
M'chindahazi Mssa.
Hamadi-Mahoma.
Mchangama-Boina.
Itisso Sambadjimba.
Monigni Dahau Mtsahoi.
Mborcha Carisombo.

Hambou :

Boina Hassani.
Massimié.
Abdallah S'Mbécheri.
Salib Chioni.

Pour copie conforme :

Ch. LEGROS.

ANNEXE N° 7

<table>
<tr><td>

MAYOTTE
—
*Cabinet
du Gouverneur.*
—
N° 35

</td><td>

RÉPUBLIQUE FRANÇAISE
LIBERTÉ, ÉGALITÉ, FRATERNITÉ

</td></tr>
</table>

Dzaoudzi, le 30 avril 1893.

*Le Gouverneur de Mayotte, C. Papinaud,
Chevalier de la Légion d'Honneur*

à M. le Résident de France à la Grande Comore.

MONSIEUR LE RÉSIDENT,

Au moment de quitter la Colonie pour aller jouir en France d'un congé de convalescence, je tiens à vous faire connaître que j'emporte un excellent souvenir de votre collaboration.

A la suite des événements de 1890-1891, dont la Grande Comore a été le théâtre, et surtout depuis la pacification de cette île, la politique que nous y avons suivie a donné des résultats heureux pour le pays et au sujet desquels le Département des Colonies nous a témoigné sa satisfaction.

En effet, le nouveau régime que nous avons établi à la Grande Comore, a d'abord amené rapidement la pacification complète de l'île. Le Sultan, replacé sur le trône d'où l'avaient chassé des ministres rebelles, a repris toute son autorité. Le pays, affranchi du système de gouvernement qui l'opprimait en le ruinant, est entré dans une ère de prospérité qu'il n'avait jamais connue. Appréciant les avantages de la nouvelle organisation, dont nous les avons dotés, les sujets du Sultan se sont empressés de jouir de ces avantages ainsi que des nouveaux droits qui leur sont conférés. Aussi, ils s'acquittent aisément des charges qui leur sont imposées, pour assurer la marche des services de l'Etat.

Ces résultats, qui sont des plus satisfaisants et qui ont dépassé les espérances les plus optimistes, sont dus pour la plus grande partie, je n'hésite pas à le reconnaître, Monsieur le Résident, à votre intelligence éclairée, à la parfaite connaissance que vous avez des hommes et des choses de ce pays, ainsi qu'à votre dévouement persévérant aux intérêts généraux de la Grande Comore.

Je ne saurais donc, Monsieur le Résident, que vous engager à persévérer dans cette politique, avec la prudente fermeté et l'équité en toutes choses, qui ont été, jusqu'ici, les traits caractéristiques de votre administration.

Signé : Papinaud.

Pour copie conforme :
Ch. Leroos.

Annexe N° 8

Je soussigné, professeur à la Faculté de médecine, membre de l'Académie de médecine, après avoir examiné M. Léon Humblot, âgé de quarante-cinq ans, résident honoraire de la Grande Comore, certifie ce qui suit :

M. Humblot porte à la partie latérale droite du ventre, à peu de distance au-dessous des fausses côtes, une cicatrice transversale de $0^m,10$ de long, dont l'extrémité interne s'arrête à la ligne médiane, un peu au-dessus de l'ombilic; cette cicatrice occupe le centre d'une saillie considérable de la paroi abdominale allongée également dans le sens transversal, dont le plus grand diamètre est de $0^m,14$ et le plus petit de $0^m,08$. Cette saillie s'exagère beaucoup pendant les efforts de toux. Dans sa partie profonde, on sent une fente transversale, parallèle à la cicatrice, dont l'extrémité interne s'arrête exactement à la ligne blanche, et qui admet facilement, après refoulement de la peau, les extrémités de trois doigts juxtaposés. La paroi musculo-fibreuse de l'abdomen est donc interrompue dans toute cette étendue. Ces diverses particularités caractérisent une large éventration.

Au côté opposé du tronc, à la partie antérieure du dixième espace intercostal, se voit une autre cicatrice longue de 0^m,02. La distance qui sépare extérieurement les centres des deux cicatrices est de 0^m,25. Si par la pensée on réunit le centre de la petite cicatrice au centre de la fente musculo-aponévrostique sous-jacente à la grande cicatrice, la ligne droite allant de l'un à l'autre traverse la cavité abdominale dans sa partie antérieure et supérieure. Il s'agit donc d'une blessure par une arme large et effilée à son extrémité qui, par un heureux hasard, a dû glisser en avant de l'estomac sans l'intéresser profondément, et perforer ultérieurement le diaphragme, la plèvre gauche, et toutes les couches de tissus du dixième espace intercostal, y compris la peau.

De cette blessure est résulté, pour M. Humblot, un état douloureux constant qui prend fréquemment, et pendant des périodes de plusieurs jours, la forme de crises aiguës extrêmement pénibles.

J'attribue cet état à des adhérences du foie, dont il a fallu, parait-il, réséquer une portion herniée, et du grand épiploon, peut-être même de l'estomac ou du gros intestin, avec les deux cicatrices. Ces douleurs continues, parfois violentes, portent atteinte à la santé de M. Humblot et troublent considérablement son existence.

Paris, le 14 mai 1897.

Signé : A. LE DENTU.

Vu pour certification de la signature de M. le D^r Le Dentu.

Paris, le 22 mai 1897.

Le commissaire de police,
Signé : Illisible.

Pour copie conforme :
Ch. LECROS

Annexe N° 9

Au Notre Seigneur Monsieur le Gouverneur de Mayotte,

Nous venons demandé au près de vous Monsieur le Gouverneur à votre hautesse et votre Bonté de nous faire l'état de notre vie sur la Grande Comore qu'elle soit comme elle est.

Nous demandons à la hautesse du Gouvernement Français de nous faire que la solde que Saïd Ali touche qui soit partagé entre nos Princes comme ils on demandé verbalement a votre hautesse Monsieur le Gouverneur quand vous ête venu à la Grande Comore.

Nous nous vous faire connaître que a l'arrivé de Saïd Ali à la Grande Comore il n'avait pas un sous, l'argent qu'il a dépensé dans ses guourres c'est aux français dont mintenant c'est le pays qui paye.

Saïd Ali quand il était notre Sultan il nous a fait plusieur choses qui ne sont pas de notre meurses ni notre lois dans notre Religion de nous tué sans guourre et sans raison et de nous araché et de nous faire des misaire sans raison.

Nous avons voulu le jugé, le Gouvernemant Français nous a refusé par ce qu'il est un sultan protégé de la france.

Monsieur le Gouverneur mintenant qu'il n'est pas Sultan par ce qu'il voulé tué le résident de France et son Secretaire pour qu'il puisse revenu a ses ensien faient qui sont contre notre lois. Nous demandons qu'il soit jugé par notre lois, comme il voulé tué sans motif et sans raison.

Monsieur le Gouverneur s'il vous plait voici les gens que Saïd Ali les a tué sans guourre et sans raison.

1. Boina Madihali.
2. Mdoihoma Carizombo.
3. Sultan Msafoumou.
4. Msihautsi.
5. Sultan Hachime.
6. Mfaoumé Madjouani.
7. Yada.

Ces qu'il les a araché leur bien on ne peut pas les compté par le cantité.

fait par les Comoriens

Lundi 20 Zilhadgi 1311 (26 Juin 1894).

Cadi	Saïd Bakar bin Sultan Achmed.
Mohamed M'Changama	Msa foumou Mavoudzouga.
	Sultan Abdallah bin Saïd Hamza.
Cadi	Boina foumou bin sultan Mbafoumou.
Yahaïa bin Abdalhla	Msa » » »
	Kalheza.
	Halidi.
	Msa foumou.
Cadi	Mavoudzouga bin sultan Mbafoumou.
Saïd Abdallah	Mbafoumou Boina.
	Djoubefoumou »
	Foumou bin sultan Higné.

Cadi	Cadi
Hadji Mohamed	Saïd bin Bamba
Cadi	Cadi
Abdourahamane	Abdourahamane
bin Alaouï	bin Mohamed.

et la signature de tous les chefs et d'une partie de la population.

Pour copie conforme :

Ch. LEGROS.

ANNEXE N° 10

2 juin 1895.

MONSIEUR LE RÉSIDENT,

J'ai l'honneur de vous informer que par arrêté du 17 mai dernier, la Cour d'Appel de La Réunion (Chambre des mises en accusation) s'est déclarée incompétemment saisie de la poursuite dirigée contre Amadi Moilimou et Cari Mondoha accusés de tentative d'assassinat sur votre personne. Cette décision étant conforme à la doctrine émise par le Département des Colonies dans une dépêche du 21 mars n° 51 adressée au Gouverneur de la Réunion, j'ai l'honneur de vous faire connaître que conformément à l'art. 7 du traité du 6 janvier 1892, la justice indigène peut suivre son cours.

Recevez, etc...

Pour copie conforme :   *Signé* : LACASCADE.

Ch. LEGROS.

Annexe n° 11

MINISTÈRE
DES
COLONIES

—

*Direction
des Affaires Politiques
et Commerciales*

—

Bureau
de Madagascar

—

RÉPUBLIQUE FRANÇAISE
LIBERTÉ, ÉGALITÉ, FRATERNITÉ.

Paris, le 9 mars 1896
N° 123

*A Monsieur Humblot, Résident de France
à la Grande Comore.*

MONSIEUR LE RÉSIDENT,

Aux termes du décret du 23 Janvier 1896, pris sur ma proposition, les possessions françaises des îles Comores qui se trouvaient jusqu'à ce jour placées sous l'autorité du Gouverneur de Mayotte ont été, par suite de la suppression de ce Gouvernement, rattachées à celui de la Réunion ; le même acte dispose que la vérification des comptes de la Grande Comore, d'Anjouan et de Mohély sera effectuée par la commission spéciale instituée par le décret du 25 octobre 1890 pour opérer la vérification des comptes de trésorerie des Protectorats de l'Annam, du Tonkin et du Cambodge.

J'ai jugé, en effet, que la période d'organisation de l'Archipel pouvait être considérée comme close et qu'il y avait lieu de doter dès maintenant les Comores d'une administration d'un caractère plus définitif.

Les difficultés d'ordre politique auxquelles a donné lieu notre établissement dans ces îles et qui se sont manifestées à la Grande Comore d'une façon particulièrement violente, sont aujourd'hui résolues. L'éloignement de Saïd Ali, reconnu nécessaire, sera très vraisemblablement maintenu, et j'ai lieu de prévoir que le développement normal de la Colonie pourra se poursuivre, maintenant, sans nouvelles secousses.

Je n'ignore pas les précieux services que vous avez personnellement rendus au Gouvernement de la République à la Grande Comore et je sais quelle part vous avez prise dans les événements qui ont eu pour résultat la reconnaissance de notre protectorat par le Sultan.

Je tiens, par suite, à vous donner l'assurance que le Département des Colonies n'a pas perdu de vue le caractère de la collaboration gracieuse que vous lui avez consentie et à vous remercier en son nom, au moment où un fonctionnaire de carrière va être chargé de l'administration de la Grande Comore.

J'ai pensé, en effet, que le moment était arrivé où il devenait possible, sans compromettre les résultats acquis par vos efforts, de vous décharger des soins de l'administration qui viennent s'ajouter aux légitimes préoccupations que ne manquent pas de vous causer la direction de l'entreprise de colonisation dont la Société de la Grande Comore vous a confié tous les intérêts dans l'île.

Singulièrement facilitée par votre œuvre si personnelle à la Grande Comore, la tâche de votre successeur, ne peut être qu'aisée, si vous voulez bien lui prêter le concours de votre expérience et de votre autorité.

En vous renouvelant ici, l'expression de la haute satisfaction du Gouvernement pour vos services passés, je me plais à penser que vous voudrez bien continuer dans l'avenir au représentant de la France à la Grande Comore, la collaboration de votre dévouement éclairé.

Je suis heureux d'ajouter que, par arrêt en date de ce jour, je vous ai nommé *Résident Honoraire*.

Recevez, Monsieur le Résident, les assurances de ma considération distinguée.

Le Ministre des Colonies,
Signé : GUYESSE.

Pour copie conforme :

Ch. LEGROS.

ANNEXE N° 12

Lettre du 14 mars 1896, du Gouverneur Lacascade au Résident Humblot

Vous connaissez sans doute déjà la nouvelle : le Gouvernement de Mayotte est supprimé et l'Administration de la Colonie rattachée à La Réunion. Je rentrerai en France par le courrier du 9 mai ou par celui du 8 juin.

Voilà le résultat du devoir accompli sans faiblesse et en ne m'étant laissé guider que par l'intérêt supérieur de la France aux Comores.

Je me résigne sans récrimination, mais je déclare hautement que si c'était à recommencer j'agirais de la même façon que j'ai agi il y a deux ans.

Je vous conseille au nom de l'influence française dans l'île, de prêter tout votre concours à votre successeur.

Signé : LACASCADE.

Lettre du 4 juin 1896.

« Je suis convaincu de l'accueil que vous lui ferez et de la cordiale assistance que vous lui prêterez. Vous n'oublierez pas, comme je vous le disais dans une précédente lettre, que l'œuvre qu'il vient accomplir est comme l'a été la vôtre, une œuvre éminemment française ; aussi suis-je convaincu que votre patriotisme fera taire ces susceptibilités de l'amour propre pour ne vous laisser voir dans le nouvel administrateur de la Grande Comore que le Représentant de la France, l'homme que je sais à l'avance heureux de grouper toutes les bonnes volontés au profit de notre influence dans l'archipel.

« Recevez, mon cher collaborateur, l'expression de mes remerciements pour l'œuvre d'expansion française que vous avez accomplie à la Grande Comore. Courage, gardez votre foi dans l'avenir.

Signé : LACASCADE.

Pour copie conforme :
Ch. LEGROS.

Annexe N° 13

Extrait des rapports du Résident de la Grande Comore, Commandant Decazes (Juin 1896).

J'ai l'honneur de vous confirmer ma lettre du 7 juin dernier, dans laquelle je vous résumais mes premières impressions à mon arrivée à la Grande Comore. Depuis, elles se sont affermies au fur et à mesure que je me pénètre davantage et des dossiers que j'ai sous les yeux et de l'esprit des habitants.

Je viens de parcourir toute l'île, dans chaque province j'ai réuni tous les hommes. M. H. m'a présenté à eux et je leur ai dit que je venais à eux avec l'ordre de faire tout ce qui serait en mon pouvoir pour leur rendre la paix, la tranquillité et la richesse. Je leur ai demandé s'ils étaient satisfaits du Gouvernement qui les régissait en ce moment, c'est-à-dire s'ils désiraient continuer de vivre avec un conseil de Cadis présidé par le Résident de France. Toutes les provinces à la presque unanimité et beaucoup à l'unanimité m'ont répondu affirmativement. Aucune ne veut à aucun prix un Sultan et Saïd Ali moins que tout autre. Dans les deux provinces les plus populeuses de l'île, Badjini et Itsandra, son nom a été conspué. La province de Bambao a seule fait exception, elle s'est prononcée en majorité pour le retour d'un Sultan, mais lorsque je leur ai demandé lequel, les hommes m'ont répondu que celui que la France choisirait serait accepté ; malgré quelque insistance de ma part le nom de Saïd Ali n'a pas été prononcé. Ce prince a laissé ici le plus mauvais souvenir, il est exécré de tous et son retour serait le signal d'une révolte de l'île entière. Il avait déjà été rétabli malgré le vœu des habitants, et lui redonner le pouvoir ici serait le condamner à une mort certaine. Les habitants de la Grande Comore ont la tête chaude et la main prompte, ils sont indépendants et fiers, et ils n'accepteront pas, quelles qu'en puissent être les conséquences pour eux, un prince qui leur sera imposé.

En revanche, les réceptions qu'ils m'ont faites ont été empreintes de la plus grande confiance. Présenté par M. H., qu'ils aiment beaucoup, ils m'ont certifié leur grand plaisir d'être protégés par la France et qu'ils espéraient que je dirais à mon Gouvernement leur désir de rester comme ils sont et de n'être plus obligés de vivre sous un prince abhorré. Ils m'ont même demandé à ce que sa liste civile dont ils font les frais lui fût retirée ainsi qu'à tous les autres princes subventionnés, mais je n'ai pas cru devoir répondre à cette demande et j'ai dit que mon Gouvernement agirait à sa guise selon la justice. Je leur ai promis de vous rendre compte de leurs désirs et que vous agiriez comme il vous plairait et pour le bien de tous.

Pendant cette tournée, je me suis convaincu que mon prédécesseur était partout le pays aussi respecté qu'aimé et que j'avais une lourde tâche en succédant à un homme ayant une telle influence morale sur les Comoriens. Cette popularité provient de ce que, s'il a été sévère, il a toujours été juste, qu'il a été loin d'user de tous les droits qu'il aurait pu prendre, mais qu'au contraire il avait fait ce qu'il avait pu pour aider les indigènes, favoriser leur commerce et essayer de faire prospérer un pays ruiné par les guerres civiles. Cette manière d'agir lui a même aliéné ses actionnaires qui lui ont reproché de sacrifier leurs intérêts à ceux du pays. Enfin, je suis de plus en plus convaincu par la lecture des dossiers de la Résidence, aussi bien que par tout ce que je vois autour de moi, que mon prédécesseur a été calomnié, que l'on a trop facilement ajouté foi aux dires d'un prince très intelligent, très fin, très séduisant, et qu'en augmentant la pension de celui-ci on a commis envers le premier un acte d'injustice. M. H. est un très bon Français, il en a donné maintes preuves toujours, et pour ma part je ne croirai pas avoir perdu mon temps en venant ici s'il ne devait en résulter que la parfaite loyauté de tous ses actes, travestis, dénaturés certainement de la meilleure foi du monde, par des personnes qui n'avaient peut-être pas eu le temps d'approfondir leurs renseignements ou qui n'avaient entendu qu'un son de cloche. M. H. a toujours rendu compte de tous ses actes aux Gouverneurs de Mayotte, et au point de vue administratif si ses écritures ne sont pas tenues dans la forme officielle, elles sont du moins très claires, très nettes, et toutes sont justifiées. Quant à l'autorité dont il a fait preuve, faut-il lui en faire le reproche ? Ne devait-il pas, lui, représentant de la France, parler et agir comme il convient quand on parle en son nom ?

Signé: DECAZES.

Pour copie conforme :

Ch. LEGROS.

ANNEXE N° 14

MINISTÈRE
DE LA
MARINE
ET DES
COLONIES

—

*Administration
des
Colonies*

—

1re Division
1er Bureau

—

Grande Comore

—

Traité passé
par M. Humblot
avec le Sultan

—

RÉPUBLIQUE FRANÇAISE
LIBERTÉ, ÉGALITÉ, FRATERNITÉ.

Paris, le 26 Mai 1887.
Cg. — 1652.

*Le Sous-Secrétaire d'État au Ministère de la Marine
et des Colonies à Monsieur Humblot.*

MONSIEUR,

J'ai l'honneur de vous accuser réception de votre lettre du 1er mai courant, par laquelle vous m'avez fait connaître que vous renonciez, sur ma demande, à vous prévaloir de certaines clauses de la convention conclue entre vous et le Sultan de la Grande Comore, le 5 novembre 1885.

Il demeure entendu, en conséquence, que l'art. 3 du traité ne doit pas être considéré comme vous réservant le droit exclusif d'acquérir les propriétés qui appartiennent à des particuliers.

Il est également établi que vos conventions avec le Sultan ne peuvent avoir pour résultat d'empêcher nos nationaux de fonder à la Grande Comore des établissements de commerce.

Il me paraissait, d'autre part, inadmissible que l'abolition de l'esclavage restât subordonnée en quelque sorte, à la réussite de vos entreprises. Vous avez d'ailleurs compris ce sentiment, et vous avez formellement renoncé à l'art. 5 du traité.

J'ai donné, à M. le Commandant de Mayotte, des instructions qui indiquent et précisent ces réserves.

J'ai ajouté, à titre de renseignement, que votre intention était de donner la liberté aux esclaves dont vous vous rendiez acquéreur, sauf à exiger d'eux un engagement de travail dont la durée ne pourrait excéder dix ans et dont le Sultan aurait à déterminer la sanction.

Les difficultés que pourrait soulever l'exécution de votre contrat étant désormais réglées, j'ai une entière confiance en votre patriotisme pour le maintien de l'accord qui vient de s'établir entre nous.

Je vous prie de m'accuser réception de la présente dépêche.

Recevez, Monsieur, les assurances de ma considération distinguée.

Signé : DE LA PORTE.

Pour copie conforme :

Ch. LEGROS.

———

COPIE

ANNEXE N° 15

A Messieurs les Membres de la Commission d'Enquête de la Grande Comore.

MESSIEURS,

Je m'empresse de répondre à la lettre que vous m'avez fait écrire à la date du 14 courant.

Le Sultanat de la Grande Comore a deux dettes, l'une envers moi, l'autre envers la Société.

Ma créance personnelle s'élève suivant compte arrêté entre le Sultan et moi et approuvé par M. le Gouverneur de Mayotte le 18 mai 1892, à francs 398.124. Je vous joins une copie de ce règlement de compte qui a été fait en triple exemplaire et dont un des originaux doit se trouver dans les archives du Ministère.

J'ai touché régulièrement soit en nature, soit en espèces, les intérêts au taux de 5 0/0 l'an.

La somme nécessaire au paiement de ces intérêts a figuré du reste sur le budget de chaque année.

Créance de la Société

La créance de la Société s'élève suivant compte arrêté entre le Sultan et la Société à la date du 20 juin 1892, et visé par M. le Gouverneur de Mayotte, à francs 360.376,25. Ci-joint copie de ce réglement de compte. Sur cette somme, la Société n'a reçu jusqu'à présent, soit en nature, soit en espèces que francs 48.333,33 à titre d'amortissement.

La Société Humblot et Cie réclame le paiement ou la reconnaissance des intérêts au taux de 5 0/0 l'an depuis le 20 juin 1892 et demande pour l'avenir le paiement annuel de ces intérêts et d'une somme à titre d'amortissement.

Il ne m'est pas possible de vous donner le résumé que vous me demandez des réclamations qui ont servi de base à l'établissement de ces deux comptes parce que ces documents sont restés à la Grande Comore.

Tous ces comptes ont du reste été longuement examinés et discutés par les parties intéressées et M. le Gouverneur de Mayotte.

La réclamation justifiée de la Société s'était élevée à francs 1.016.182,75 et comme la Société ne pouvait se mettre d'accord avec le Sultan, M. le Gouverneur de Mayotte proposa son intervention à la condition que les parties intéressées acceptent son arbitrage sans appel.

M. Papinaud, ancien Gouverneur de Mayotte, qui est actuellement à Paris, peut confirmer ce que je vous avance.

La Société a donc été obligée d'accepter ce réglement de compte relaté ci-dessus, quelque désavantageux qu'il fût pour elle.

La confusion entre la date du 15 février 1892 que vous donnez au réglement des comptes, et celles relatées ci-dessus des 18 mai 1892 pour mon compte personnel, et 20 juin 1892 pour le compte de la Société, vient de ce qu'à la date du 15 février 1892 un arrêté partiel était intervenu entre le Sultan et la Société : arrêté qui a été approuvé et complété le 20 juin 1892.

Je me permets d'ajouter que dans tous les budgets qui ont été soumis au Ministère depuis 1892 ma créance personnelle et celle de la Société y ont figuré.

Je suis, Messieurs, entièrement à votre disposition pour tous renseignements de détails dont vous pouvez avoir besoin, car j'ai le sentiment que vous cherchez à connaître la vérité et je n'ai pas

toujours trouvé sur ma route des fonctionnaires qui consentissent,
je ne dis pas à servir, mais à écouter soulement leur compatriote.
Agréez, Messieurs, l'assurance de mes sentiments respectueux.

Signé : L. HUMBLOT.

Paris, le 17 Novembre 1896
Pour copie conforme :
C. LEGROS.

COPIE

ANNEXE N° 16

Au nom du Dieu Clément et Miséricordioux.
Louange à Dieu maitre de l'Univeres ; que sa bénédictions et ses
Saluts se répende sur son prophète le Seigneur Mahomet.

Saïd Ali ben Saïd Omar, Sultân de la Grande Comore ben
Sultan Saïd Omar, Chevalier de la Légion d'Honneur,

A Monsieur le Gouverneur de Mayotte, Représentant
du Protectorat Français aux Comores, Salut.

MONSIEUR LE GOUVERNEUR,

Je viens vous faire savoire que je était allé à Nioumbadjou
pour voire ces Messieurs.

M. Humblot, directeur de la Société française à la Grande
Comore m'a montré des comptes pour la Société et pour lui personnellement, m'a réclamé de les approuver comme dette de le Sultanat de la Grande Comore dont les nombres est suivants,
1.016.182 fr. 75 c. — 210.376 fr. 25 c. — 398.124 francs.

J'ai reconnu les deux dernières, quand à la première Monsieur
le Gouverneur je ne puis pas l'approuver et Monsieur Humblot me
la réclame, alors je vous prie Monsieur le Gouverneur, d'avoir la
bonté de protéger mon pays pour cet affaire car je ne sais pas où je
tournerair mes yeux et d'alonger mes mains qu'auprès de vous,
Monsieur le Gouverneur.

Notre Seigneur Mahomet a dit que, fait faire porter les gents
de paquet, solons leurs forces de cous, alors veillez, Monsieur le
Gouverneur de protéger une petite gasoille qu'on veut la faire porter

un paquet. Qu'il est lourd pour un Éléphant. Dieu a dit dans le Coran. Chapitre LIII, L'Étoile; l'ame qui porte sa propre charge ne portera pas celle d'une autre, et ce qu'il me fait peur, Monsieur le Gouverneur, c'est d'avoir ajouter ces comptes-ci, sur les 45.000 piastres que je lui doit depuis mes guerres d'auparavant; alors si vous voyer cela peu, mais cependant je le vois très grand. Dieu a dit aussi dans le Coran « Chapitre XXIII 900; que vous regardiez comme une chose légère, ce qui est grave devant Dieu, alors je ne vois que vous, Monsieur le Gouverneur, qui pourra protéger mon pays sur ce dispute que nous avons disputé contre Monsieur Humblot.

J'espère, Monsieur le Gouverneur, que vous pitiérair mon petit et mon pauvre pays.

Je prie Dieu qu'il me protège et vous accorde ses grâces.

Signé : SAÏD ALI, *Sultan de la Grande Comore*
ben Sultan Saïd Omar.

Mroni, le 23 Djamadil Akou 1309 (21 Janvier 1892).

Pour copie conforme :
Ch. LEGROS.

ANNEXE Nᵒ 17

Nous Saïd Ali ben Sultan Saïd Omar
Sultan de la Grande Comore
Chevalier de la Légion d'Honneur

reconnaissons devoir à Monsieur L. Humblot à la Grande Comore pour avances faites en argent et natures de l'année 1883 à l'année 1890 la somme de *trois cent quatre vingt dix huit mille cent vingt quatre francs.* Après présentation et vérification des comptes.

Grande Comore, le 25 Avril 1892.
Le Sultan de la Grande Comore,
Signé : SAÏD ALI BEN SULTAN SAÏD OMAR.

« Cet aretét des comptes à nule tous les compte précédent « reconnue et signé par moi St Saïd Ali. »

(Ecrit de la main du Sultan.)

Sceau
du
Sultan

Vu et reconnu conforme au réglement de compte intervenu entre sa Hautesse le Sultan Saïd Ali et M. Humblot, par lequel le Sultan reconnaît devoir à M. Humblot la somme de Trois cent quatre-vingt-dix-huit mille cent quatre-vingt francs (398.124 fr.).

Mayotte, le 18 mai 1892,

Le Gouverneur de Mayotte, Représentant du
Protectorat Français aux Comores.

Signé : PAPINAUD.

Pour copie conforme :

Ch. LEGROS.

ANNEXE N° 18

Entre le Sultan de la Grande Comore et M. Humblot représentant de la Société française à la Grande Comore a été arrêté et convenu ce qui suit :

Par un traité intervenu entre sa Hautesse le Sultan Saïd Ali de la Grande Comore et M. L. Humblot, représentant de la Société française à la Grande Comore, en date du 5 novembre 1885, le Sultan donne la concession et l'exploitation des terrains du domaine de la Grande Comore. L'article 6 du dit traité stipule que son Altesse garantit et répond des exploitations ou cultures qui pourraient être détruites par le fait de ses sujets.

Or par suite des événements survenus à la Grande Comore depuis septembre 1887 jusqu'au mois de mai 1892, les plantations de la Société ont été détruites et ravagées ; les constructions et bâtiments démolis ou incendiés sans que son Altesse ait pu en empêcher ou en prévenir les effets, mais dont elle est responsable. Pour réparation de ces dommages, le Sultan de la Grande Comore a déjà reconnu à la date du 15 février 1892 une somme de *deux cent dix mille trois cent soixante-seize francs vingt-cinq centimes* (210.376 fr. 25) qui serait payée par le Sultanat à la Société française, sous toutes réserves faites par la dite Société.

Ce jour et en réglement définitif de compte de cette question sa Hautesse et M. L. Humblot, ès qualité, sont tombés d'accord pour fixer à la somme de cent cinquante mille francs l'indemnité allouée par le Sultanat à la Société française. Cette somme s'ajoutera à celle précitée de 210.376 fr. 25 et formera ensemble un total de trois cent soixante mille trois cent soixante-seize francs, vingt-cinq centimes (360.376 fr. 25) qui constituera la dette reconnue et contractée par le Sultanat vis-à-vis de la Société française, dette que le Sultan s'engage à amortir tous les ans sur le budget du Sultanat jusqu'à complet paiement.

Fait et arrêté à Nioumbadjou, le vingt juin mil huit cent quatre-vingt-douze, entre les parties qui ont signé le présent après lecture faite.

Approuvé les écritures ci-dessus,

Signé : SAID ALI,
Sultan de la Grande Comore ben Sultan
Saïd Omar; Chevalier de la Légion
d'Honneur.

Grande Comore, le 20 juin 1892.

(Ceci est écrit de la main de Saïd Ali.)

> Sceau
> du
> Sultan

Approuvé les écritures ci-dessus.

Signé : L. HUMBLOT et Cie.
Vu : Le Gouverneur de Mayotte, Représentant
du Protectorat Français aux Comores.

Signé : PAPINAUD.

Pour copie conforme :
Ch. LEGROS.

COPIE

ANNEXE N° 19

Mohéli, le 16 Décembre 1907.

A Monsieur Louis Vigouroux, député, rapporteur du projet de loi déclarant colonies françaises les îles d'Anjouan, Mohéli et Grande Comore.

MONSIEUR LE RAPPORTEUR,

Dans votre rapport sur le projet de loi déclarant colonies françaises les îles d'Anjouan, Mohéli et Grande Comore, vous écrivez, au sujet de la délimitation des propriétés de la Société de la Grande Comore :

« Le Capitaine Dubois, chargé de procéder à ce travail, n'a pas suivi exactement les instructions qui lui avaient été données, et il a commis des erreurs très préjudiciables aux indigènes. »

Je suis accusé, je suis condamné sans avoir été entendu ou mis en demeure de m'expliquer. Permettez-moi, Monsieur le Rapporteur, de vous dire que vous avez été bien inexactement renseigné sur mon rôle.

Pour ces opérations de délimitation, j'étais sous les ordres du Résident qui me donnait ses instructions et que je tenais régulièrement au courant de mes travaux. Si je n'avais pas suivi exactement les instructions de ce fonctionnaire, m'aurait-il écrit comme il le fit le 30 décembre 1897 :

« J'approuve entièrement le tracé de délimitation que vous marquez. »

Et le 20 avril 1898 :

« Je suis heureux que vous ayez pu mener à bonne fin ce travail délicat et surtout difficultueux, et je vous prie d'agréer mes sincères félicitations. »

Et c'est à ce moment que, d'après votre rapport, le Résident Pobéguin signait (21 avril 1898) sous les plus expresses réserves le plan définitif!

Et les 500 hectares réservés, le Résident n'est-il pas venu sur le terrain pour les accepter? N'a-t-il pas refusé certain emplacement que je lui proposais, ce qui a obligé, puisqu'il ne fallait pas toucher à la forêt, de remonter jusqu'en Domba, province qui d'ailleurs est depuis longtemps réunie à Badjini?

Enfin, si je n'avais pas suivi exactement mes instructions en 1897-98, m'aurait-on confié en 1905 la mission de procéder aux rectifications spécialement ordonnées par le Ministre?

Si cette simple lettre ne suffit pas à vous convaincre de ma correction dans cette affaire, je suis prêt à faire le voyage de France pour vous donner les explications que vous désirez et mettre sous vos yeux la correspondance échangée entre le Résident et moi.

Veuillez agréer, etc...

Pour copie conforme :   *Signé* : Dubois.
Ch. Legros.

ANNEXE N° 20

MADAGASCAR

—

Bataillon des
Tirailleurs
de
Diégo-Suarez

—

Diégo-Suarez, le 28 Juin 1891.

Le Chef de Bataillon Pardes, Commandant le
Bataillon, à Monsieur le Résident de France,
à la Grande-Comore.

MONSIEUR LE RÉSIDENT,

Le Conseil d'administration du corps, après avoir pris connaissance de votre lettre à Monsieur le Gouverneur de Mayotte, approuve les comptes de Monsieur le lieutenant Génin.

Le Trésorier a reçu l'ordre de faire établir un mandat pour toutes les sommes déjà acquises depuis l'enrôlement des Comoriens. Ce mandat de 12,000 francs vous parviendra sous le couvert de Diégo-Suarez.

Le reliquat de la somme avancée ne pourra vous être envoyé qu'au fur et à mesure que les retenues seront faites sur la solde.

En vous faisant connaître la décision du Conseil d'administration, je tiens Monsieur le Résident à vous remercier personnellement de tout ce que vous avez fait pour le corps. Sans votre gracieuse intervention Monsieur Génin n'aurait pu ramener cent recrues, qui dans quelques mois formeront, je l'espère, ma fraction la plus solide.

Tous vos anciens administrés ont bonne apparence, ils sont dociles et semblent avoir du goût pour le métier.

Dès qu'une occasion se présentera, j'enverrai une nouvelle mission dans l'archipel. Comme pour la première, je réclamerai votre précieux concours.

Je vous prie, Monsieur le Résident, d'agréer avec mes remerciements, l'expression de mes meilleurs sentiments.

Signé : C. PARDES.

Pour copie conforme :
Ch. LEGROS.

Diégo-Suarez, 27 septembre 1891.

Monsieur le Résident,

Monsieur le Directeur de l'Intérieur de Diégo-Suarez vous expliquera pourquoi je n'ai pu vous faire parvenir en numéraire, la somme dont le corps vous était redevable.

Ne pouvant plus compter sur le concours éventuel d'un des bateaux de la division navale, le Conseil d'administration a cru ne pas devoir tarder plus longtemps. A défaut de traites négociables que le trésor n'a pu nous délivrer, nous avons fait prendre des mandats.

Monsieur Laurezac doit vous demander encore deux cents hommes ; Grâce à votre obligeant concours cette troisième mission aura un plein succès, comme les deux précédentes.

Personnellement, je vous suis reconnaissant d'avoir facilité ma tâche, aussi vous prierai-je d'agréer avec l'assurance de mes meilleurs sentiments mes remerciements anticipés.

Signé : Pardes.

Pour copie conforme :
Ch. Legros.

Annexe n° 21

Au nom de Dieu Clément et Miséricordieux,

Je déclare moi ancien Cadi dans le temps d'anciens Sultans, Sultan Mognómdje, Sultan Abdallah, Sultan Saïd-Bakari et Sultan Saïd-Ali, mais le temps de Sultan Saïd-Ali j'avais mon Collègue Cadi Saïd-Mohamed ben Cheih.

Nous avons vu les Comoriens de Bambao de Badjini et d'Itsandra, sont venu chez nous a la date de Djamadilaher anné 1308 Septembre 1890 ils nous ont dit que Sultan Saïd-Ali la façon qu'il gouverne la Grande Comore est contre notre coutume car d'après notre coutume Lorsque la guerre termine on ne doit pas tué autre personne.

Le Sultan Saïd-Ali a tué, 1er Sultan Msafoumou, Sultan d'Itsandra Lorsque la guerre était déjà fini, 2e la guerre était fini il a tué a Achimou Sultan de Badjini et Mfaoumé Madjouni Sultan d'Ochili 3° il a tué à Boina Madihali un noble de ville de Moroni, il a, tué Mihantsi Ministre de Bambao Lorsque la guerre était déjà fini, par Conséquant cela ne sont pas nos usage à la Grande Comore.

Voici notre usage à la Grande Comore si quelqu'un a fait une faute au Sultan, le Sultan ne le tue pas ni prendre tout ses biens mais il le fait payer une amende.

Saïd-Ali a pris de force tous les biens de Mfoiha Saïdou Ministre de Oichili, tout ses biens 600 vaches et 56 esclaves ainsi que d'autre gens il a pris leur fortunes de force, cela ne sont pas notre usage à la Grande Comore nous vous demande vous cadi si cela c'est la loi Mahometant.

Nous Cadis avons répondu que cela ne sont pas notre loi Mahometant dieu a dit sur le Coran qu'il a défendu de tué quelqu'un sans raison qui est juste. Dieu a dit que ne Mange point les biens de de gens a faux.

Lorsque nous avons répondu les paroles qu'ils nous a demander nous Cadis.

Après de réponse de Cadis les Comoriens sont mis d'accord tout sont réunis à Combani Village de Oichili à la date moi de Radjabe qu'il avait abandonner notre loi et notre coutume Mahometant, le anné 1308 Octobre 1890 ils on oter Sultan Saïd-Ali sur le trône parce Cadi Saïd-Modamed Sen Cheih est mort à la date du moi de Djamadill anné 1322 Septembre 1901.

Grande Comore, le 12 chaoul anné 1326

(le 7 novembre 1908)

Fait par Cheih Amadi ben Achimou sur ce papier est exacts.

Signé : MOHAMED BEN SULTAN (ancien Ministre d'Itsandra).

J'ai lu ce que a écrit Cheih Amadi ben Achimou sur ce papier est exact.

Signé : BOINA BEN OIZIRI (ancien Ministre de Bambao).

J'ai lu ce que a écrit Cheih Amadi ben Achimou sur ce papier est exact.

Signé : MOOUECHAHAHÉ BEN MBÉCHZI (ancien Ministre d'Oichili).

J'ai lu ce que a écrit Cheih Amadi ben Achimou sur ce papier est exact.

Signé : MDAHOMA BEN MFAOUMÉ MADJOUANI (ancien Ministre d'Oichili).

L'Interprète juré de l'administration sousigné Certifié que la traduction ci-dessus est bien Conforme, au texte Arabe ci-joint.

Signé : CHARIFFON.

Vu pour légalisation de la signature de l'interprète Chariffon, apposée ci-contre :

Moroni, le 5 janvier 1909.
Le Résident p. i.
Signé : MARTIN.

Enregistré à la Grande Comore le cinq janvier mil neuf cent neuf, N° 688, folio 113, resto 1.

Reçu droit féré : deux francs.

Le chargé de l'enregistrement,
Signé : HOAREAU.

Pour copie conforme :
Ch. LEGROS.

ANNEXE N° 27

Mayotte, le 9 Juillet 1885

A Saïd-Ali, Sultan de la Grande-Comore,

En Février 1884 je te priai d'encaisser de Bakari Amadi la somme de 1907 fr. 50, ainsi que cela était convenu entre lui et moi, et de t'appliquer sur cette somme celle de 1900 francs que je te devais pour solde de ma part dans le recrutement de travailleurs fait par M. Théry.

Tu ne fis aucune réponse à cette communication mais au mois de Novembre dernier, ton père Saïd-Omar, me réclama de ta part la somme de 11000 et quelques francs. Je dus alors appeler Saïd-Omar devant le juge pour faire établir que ma dette envers toi ne s'élevait qu'à 1900 francs le surplus de cette somme t'ayant été versé par M. Béaumont à son dernier voyage à la Grande Comore.

Je dis encore à ton père qu'a mon point de vue je ne te devrais plus rien car Bakari Amadi avait du te solder et j'étais d'autant plus fondé à croire qu'il en était ainsi que tu ne m'avais pas dit le contraire.

Je t'écrivis alors à ce sujet et par ta lettre du 21 Décembre 81 tu me fis savoir que Bakari Amadi se disant gêné demandait un délai pour me satisfaire que du reste il viendrait sans doute à Mayotte dans peu de temps pour régler avec moi. Par le même boutre qui m'apportait ta lettre du 21 Décembre 84 et que je reçus ici dans les premiers jours de Janvier 85, on apprenait à Mayotte que Bakari Amadi était mort depuis 2 mois.

Peux-tu m'expliquer comment il a pu se faire que Bakari qui était décédé dans les premiers jours d'Octobre 1884 ait pu au mois de Décembre te tenir les propos que tu lui portes. Il y a là tu l'avoueras toi-même quelque chose d'inexplicable et dès que j'ai demandé à ton père des explications à ce sujet, il est resté embarassé et n'a pu rien me répondre. Que pouvait-il me dire, en effet?

Je t'écrivis alors pour obtenir de toi les explications que Saïd-Omar n'avait pu me fournir et au lieu de me répondre tu t'adressas au Juge pour lui demander à être jugé de moi, lui disant : que Bakari était mort sans rien laisser après lui, que son boutre avait été brulé par les Anglais etc. etc. Mais tu te gardas bien de parler à ce dernier des propriétés laissées par Bakari. Cependant tout le monde sait ici que Bakari Amadi a laissé des biens, notamment deux emplacements batis en ville, et une trentaine d'Esclaves.

Veux-tu me dire ce que sont devenus ces biens ? Tu n'es pas homme à avoir laissé tout cela se perdre, toi qui n'as montré aucun scrupule pour livrer à M. Théry des hommes libres que tu arrachais par la force de leurs foyers, tes prisonniers de guerre ; tous Comoriens ou soldats de Zanzibar. Toi qui n'as pas craint d'envoyer ici des hommes, tes sujets, qui n'ayant jamais travaillé devaient fatalement succomber, soit par la fièvre, soit par la Nostalgie.

Tu as trompé M. Théry, tu nous as tous trompés. Sais-tu combien sont morts de tes sujets à Mayotte, provenant du convoi des 180 Travailleurs introduits par M. Théry ? 57. Sais-tu combien il y en a qui n'ont jamais rendu et qui ne rendront jamais aucun service à leurs propriétaires? une cinquantaine au moins. Et tu sais le prix que nous avons payé ces hommes, ces malheureux qui n'auraient jamais du quitter leur pays. Et après avoir commis ces actes tu caresserais le projet de me faire payer deux fois la solde que je restais te devoir en essayant de me faire accroire que les biens de Bakari ont disparu sans que tu saches ce qu'ils sont devenus? en faisant parler Bakari au mois de Décembre, alors qu'il était mort depuis le mois d'Octobre et tu voudrais que je te crusse sur parole ! Non, il me faut la preuve que ce que tu avances est exact.

Écris au Juge tant que tu voudras ; mais tant que tu ne m'auras pas donné des preuves certaines que ce que tu avances concernant Bakari Amadi est vrai ; tu ne ne toucheras rien de moi.

Je te salue,
Signé : BUNDERVOET.

Pour copie conforme :
Ch. LEGROS.